DXより重要なビジネスパーソンの「戦略的学び直し」

“Strategic re-learning” is more important than DX for business people

リスキリング超入門

徳岡晃一郎　房広治

Tokuoka Koichiro
Fusa Koji

KADOKAWA

はじめに

人生100年時代を迎える中で、ビジネスパーソンの学び直しがあらためて注目されています。

徳岡と房の2人が2021年に共同執筆した『デジタルマネー戦争』（フォレスト出版）では、お金のデジタル化はデジタルトランスフォーメーション（DX）の本丸であるという認識をベースに、国や企業といったグローバルなプレイヤーがデジタルを軸にどのようにイノベーション力を発揮しているのかについて描写しました。その中で、**イノベーションを生み出し、日本がリーダーシップを持って世界の第一線に復活していくカギとして、「4つのS（Scenario シナリオ、Speed スピード、Science サイエンス、Security セキュリティ）」という考え方を提唱し、多くの反響を得ました。**

読者の皆さんからの反応に触れ、その理由について掘り下げて考える中で、デジタルトランスフォーメーションに関連して、最近注目の高まっている「リスキリング」というテーマが浮き彫りになってきました。現時点で、「リスキリング」という言葉は一般的に、「DXに乗り遅れないようなスキルを身につけていきましょう」という意味で認識され、DXとセットで使われることが多いようです。しかし、このような認識に私たちは違和感を持っています。**「リスキリング」や「学び直し」という言葉そのものが目的化してしまっていることに対して違和感を持っているということです。**

本来、DXもリスキリングも何らかの目的を達成するための手段であるべきものです。何のためのリスキリングなのでしょうか、何のためにデジタル化が必要なのでしょうか。その目的をきちんと考えないで、「DXだからプログラミングを習得しましょう」「データアナリティクスのスキルを身につけましょう」といった言葉に焦りを感じて、手あたり次第に**「にわか学び直し」**をしていないでしょうか。

または、「デジタルのスキルなんて自分には今更無理だ」と諦《あきら》めてしまっていないでしょうか。逆に、デジタル化さえ学べば、他のことは学ばなくて良いという風潮に流されていないでしょうか。

デジタル化は手段です。リスキリングも目的が明確にあって初めて役に立つものです。

では、リスキリングの目的とは何でしょうか。**日本の企業やあらゆる組織が世界の中で力を発揮できるようにすること、日本の強みを生かすこと、ビジネスパーソンが選択肢を増やしながら人生を全うできる力をつけてもらうことです。**

デジタル化やリスキリングは、私たちが未来を切り拓《ひら》いていくための武器なのです。

この最終的なゴールに至るために何が必要でしょうか。何が欠けているのでしょうか。どのようにそのギャップを埋めていくのでしょうか。

この点を考え、目標に向かってスキルを身につけていくことがリスキリングです。そして、その目的として、私たちが狙いを定めたのが、日本の組織や個人を輝かせるためのカギとなる「4つのS」という考え方です。「4つのS」を強化するリスキリングこそ大事なのです。

変革を真剣に模索している日本の政財界のリーダーやビジネスパーソン、さらには人生100年時代を迎えて将来のキャリアに向けて学び直しを志している中高年、次世代を担う志ある若手の皆さん……、日本の未来を担うすべてのみなさんに向けて、「4つのS」を

さらに敷衍《ふえん》し、具体的に日本企業や行政、リーダーやビジネスパーソンが進むべき方向をいっしょに考えていきたいと思います。

徳岡は現在、株式会社ライフシフトの代表取締役会長CEOを務めると共に、多摩大学大学院でも教鞭《きょうべん》を執り、主にミドル・シニア層を対象に「人生100年時代」のキャリア構築をはじめ、豊かな未来を創造していく「ライフシフト」と「イノベーターシップ」に関する学びを提供しています。

その中で、学びの本質に立ち戻って学ぶ「楽しさ」を実感していただくこと、「知」をみずから創造していくことこそが、個人個人の力になるということを肌で感じています。

個人としての知識創造こそが日本全体を底上げし、日本にイノベーションを起こす原動力になると考えます。

今まさにライフシフトに直面しているミドル・シニア層だけではなく、これからの未来を創造していく若い方々にも、リスキリングを通じた豊かで活躍できる未来のために、私の経験や学びから生まれる知見を総動員してお伝えしたいと考えています。

一方、房は、国際金融のプロとしてビジネス界の最も競争の厳しい部分を30代に経験することができました。インベストメントバンクやヘッジファンドを経て、現在はベンチャーキャピタリストとして自己資本で企業に投資する一方で、GVE株式会社のCEOを務め、新興国の法定通貨のデジタル化などを手掛けています。デジタル法定通貨に関与するようになったために、最近ではセキュリティ分野にも活動の場が広がっています。

英国における産学共同の取り組みであるアストン大学のサイバーセキュリティイノベーションセンターの教授やオックスフォード大学の小児学部の戦略アドバイザーも務めています。その中で、デジタル分野のセキュリティにとどまらず、ルール形成や安全保障、国際関係における国家や個人の立ち位置、プライバシーの重要性などについても学びを深めています。

このような経歴から、グローバルな視点で見た日本について私たちなりの視座が読者の役に立つのではないかと考えています。

「4つのS」の捉《とら》え方は人それぞれでしょう。読後にシナリオが最も大切だと考える人もいれば、セキュリティを最優先にしたい方もおられるでしょう。自分の目標や目線によって「4つのS」の力点が変わってくるのは当然です。

リスキリングとは生涯にわたって知識を創造し続ける**「終身知創」**ですから、自分の成長や興味の変遷に伴って、自分の中でも力点が変化するでしょう。**本書では、「何を学ぶのか」ではなく「なぜ学ぶのか」ということを重視しています。WHYを考えないでHOWに飛びつくのは、あらためるべき慣習です。**

なぜ学ぶのか、目的意識を持った「戦略的リスキリング」こそ重要なのです。そのためにあえて、本書のタイトルは『リスキリング超入門』としました。入口をぜひ確認し、終身にわたる学び直しの旅に、「4つのS」を道しるべとして出発しましょう。

リスキリング超入門
DXより重要なビジネスパーソンの「戦略的学び直し」 目次

第2章 ビジネスパーソンのレジリエンスを高める 61

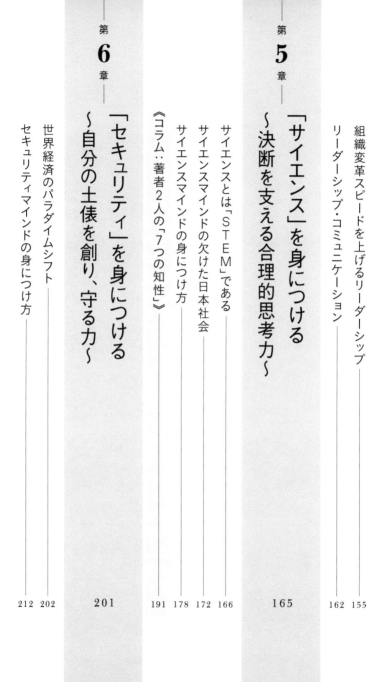

構　成　レナード美香
装　幀　三森健太（JUNGLE）
DTP　エヴリ・シンク

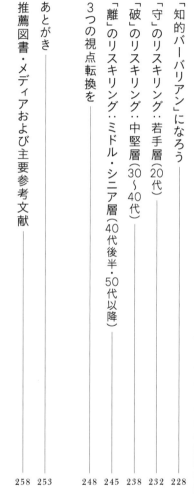

序章

DXより重要な「戦略的学び直し」

なぜいまリスキリングか

リスキリングという言葉が急速に広まり、国内で学び直しに対する意識が高まっています。

背景にあるのは、個人や企業、そして国も未来に向けた成長戦略を考え、その達成のために個人個人が学び続け、スキルを身につけていかなければ生き抜いていくことはできない、という認識です。

個人の観点からは、「人生１００年時代」がキーワードです。その裏には最低限80歳までは現役でいることで社会とつながる存在でいないと、長く孤立した人生を歩まざるを得ないという現実があります。

変化し続ける時代に適応し、個人としての価値を発揮し続けるためには、最新の技術や知識を取り入れ、個人としての教養を高め成長し続けていく必要があります。

その中では、会社や仕事のためにどう貢献できるのか、自分の将来のために何をウリにしていくのか、という観点が重要になるでしょう。

つまり、自己実現や自分の能力アップのためにリスキリングを捉《とら》えていくということです。学び続けることは変化のスピードの速い今の時代を生き抜いていく自己防衛策なのです。

企業の観点からは、人材が持つ知識や経験、ひらめきや思いといった無形資産が企業の競争力の源泉になります。そのためにも、リスキリングを通じた人的資本の向上が不可欠です。現場主義をベースにしたモノづくり文化という過去の成功モデルに過剰適応せず、新しい時代に必要な思考や行動様式を育てていくことです。

時には従業員を現状のスキルから卒業させ、新しいスキルに移行させていく柔軟さも大切になるでしょう。

国としてもリスキリングに本気で取り組んでいきたい姿勢を打ち出しています。デジタルトランスフォーメーションやグリーン経済といったメガトレンドや技術革新の中でスキルが陳腐化するスピードが上がり、国力がよりいっそう試されます。国の成長戦略「新しい資本主義」の一環として、岸田文雄首相は、「リスキリング、すなわち成長分野に移動するための学び直しへの支援策の整備」として「個人のリスキリングに対する公的支援については、人への投資策を『5年間で1兆円』のパッケージに拡充」することを表明しています(2022年10月3日岸田首相所信表明)。日本全体を人的資本重視の社会に変えていくためには、5年間で1兆円というパッケージはあまりにも小粒であると言わざるを得ませんが、それでも、首相の口から人的資本の重要性やリスキリングに関する政策が表明されているのは大きな前進でしょう。

しかし、そもそもリスキリングを通して個人、そして企業や国は、何を目指すのでしょうか。

現在、リスキリングという言葉はとりわけデジタル化に向けた再教育という意味で使われています。デジタル化の進展に伴い、働く人が業務に役立つスキルや知識を学び直すことがリスキリングである、という考え方です。

確かに、デジタル技術は変化が速く、常に知識のアップデートが必要になります。あらゆるものについてデジタルトランスフォーメーションを進めていくために、デジタル人材が求められていることは言うまでもありません。

第1章でも触れますが、日本のデジタル人材は絶望的に不足しており、デジタル分野でのスキル再武装の必要性は論を俟《ま》ちません。

ただし、デジタルのスキルを身につけることはもちろん重要ですが、大切なのはその先に何を目指すのか、という視点です。時代の流れについていく、乗り遅れない、というキャッチアップ的なリスキリングでは常に現状に追いつくことに終始してしまうことになります。

さらに、AIの活用が進むと人間がデジタルスキルを身につけるよりも、AIに仕事を任せていくことが増えるようになるでしょう。そうなると、単なるデジタルを使いこなす技術だけではAIに負けてしまうことになります。

リスキリングを通して今本当に身につけるべきなのは、デジタル社会の進展を活用していく力です。未来を見通し、そこからバックキャストしてどのように自分のスキルを広げていくのかを考えることが重要なのです。リスキリングとは目の前にある課題をこなすスキルに注目した一過性のものではなく、ゴールが常に変わるものです。リスキリングの本質は学び続けることにあります。

著者の房と徳岡は、本書においてビジネスパーソンの学び直しの「意義」と「戦略」を提案したいと考えています。

手あたり次第に何でもかんでも学び直していくのではなく、リスキリングを体系化していくことが大切です。そこで、**シナリオ思考（Scenario）、スピード感（Speed）、サイエンスマインド（Science）、セキュリティ感度（Security）という「4つのS」を身につけるという観点からのリスキリングを提案します。これを「戦略的リスキリング」と呼びたいと思います（以下では簡潔に、シナリオ、スピード、サイエンス、セキュリティと称します）。**

著者2人が2012年に著した『デジタルマネー戦争』では次のように述べています。「『4つのS』を使って発想できるプレイヤーは人を惹きつけます。その人の持っているビジョンや行動するパワー、そして周囲を巻き込む力に誰もが鼓舞されるからです」。まさに、これがリスキリングの目的であると考えています。

この4Sは前著でも書きましたが、日本の弱みであり、かつそこを強化することで日本の隠れた強みを活かせる分野なのです。私たち個々人のリスキリングが、日本の再興につながるなら、こんなにいいことはないのではないでしょうか。リスキリングを労働市場での勝ち負けのための武器とするのではなく、皆がいっしょに4Sを学ぶことで日本を強くしていきましょう。

リスキリングのハウツーに関する著作や記事は多数出ていますし、リスキリングの対象となる項目を辞書のように列挙したハンドブックも容易に手に入ります。

幅広い範囲を網羅した情報もあれば、デジタルのような特化した専門分野に注目したものもあります。このようにリスキリングの戦術論や具体論が乱立する中で、私たちはリスキリングの範囲を定め、体系化し相互に関連付けていきたいと考えています。

何を学ぶべきか、どのように学ぶべきか、といった点にばかり気を取られるのではなく、「戦略的リスキリング」として、「なぜ学ぶのか」「どのような目的を達成するために学ぶのか」という視座を持つことが重要なのです。その上でリスキリングを始めるべきです。

繰り返しになりますが、日本の政財界のリーダーやビジネスパーソン、人生100年時代を迎えて将来のキャリアに向けた学び直しを志す方、次世代を担う若い方々に対して、「4つのS」を軸に、進むべき方向性を提示できればと考えています。

学ばなくなってしまった日本人

さて、リスキリングへの機運の高まりは、そもそも学びが欠如している危機感の裏返しでもあります。残念ながら日本はいつの間にか「学ばない国」になってしまっています。まず、企業の人材教育のレベルが低下しています。欧米に追いつき追い越すことが目標であった高度経済成長までの時代、日本企業は人材への投資を重視し教育に大きな予算を振り分けていました。転機になったのは、追いつき追い越す目標を達成してしまった頃でしょう。1980年代を通じて「ジャパン・アズ・ナンバーワン」というおごりが出てきたところで学びに対する貪欲《どんよく》さが薄れました。そこに、バブル崩壊が続き、企業として人材教育に振り向ける予算が削られ、そのまま学ばない姿勢が定着してしまいました。

イノベーションが求められる今の時代、企業にとっての従業員教育は「投資」であると捉えるべきです。にもかかわらず、現状では多くの企業がこれを「コスト」と捉えています。よって、収益性という観点からは削減の対象とみなされます。GDP比で見た人材投資

図1:人材投資（OJT以外）の国際比較（GDP比）

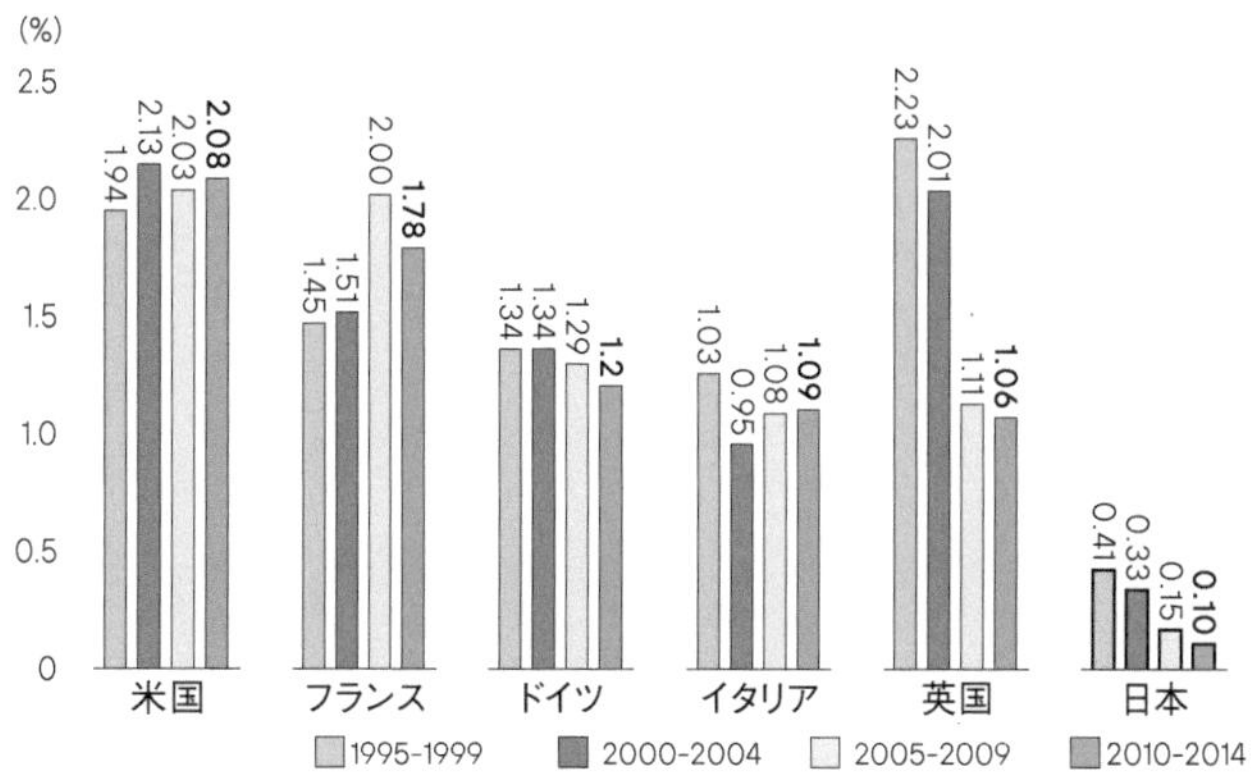

［出所］厚生労働省「平成30年版　労働経済の分析」を基に経済産業省が作成

（OJT以外）の国際比較（図1）を見てください。

他の国に比べて人材への投資が少ないばかりではなく、その比率が年々低下していることがわかります。

社外学習や自己啓発を行っていない人の割合（図2）も目を覆うものがあります。日本企業の人への投資が減少しているばかりか、個人としても生活や習慣のパターンの中に、学びが位置づけられていないということです。

OECD（経済協力開発機構）による「高等教育機関への30歳以上の入学者の割合」（図3）のデータを見てみましょう。これは、MBAなどの大学院レベルの教育を受ける人の割合

図2: 社外学習・自己啓発を行っていない人の割合

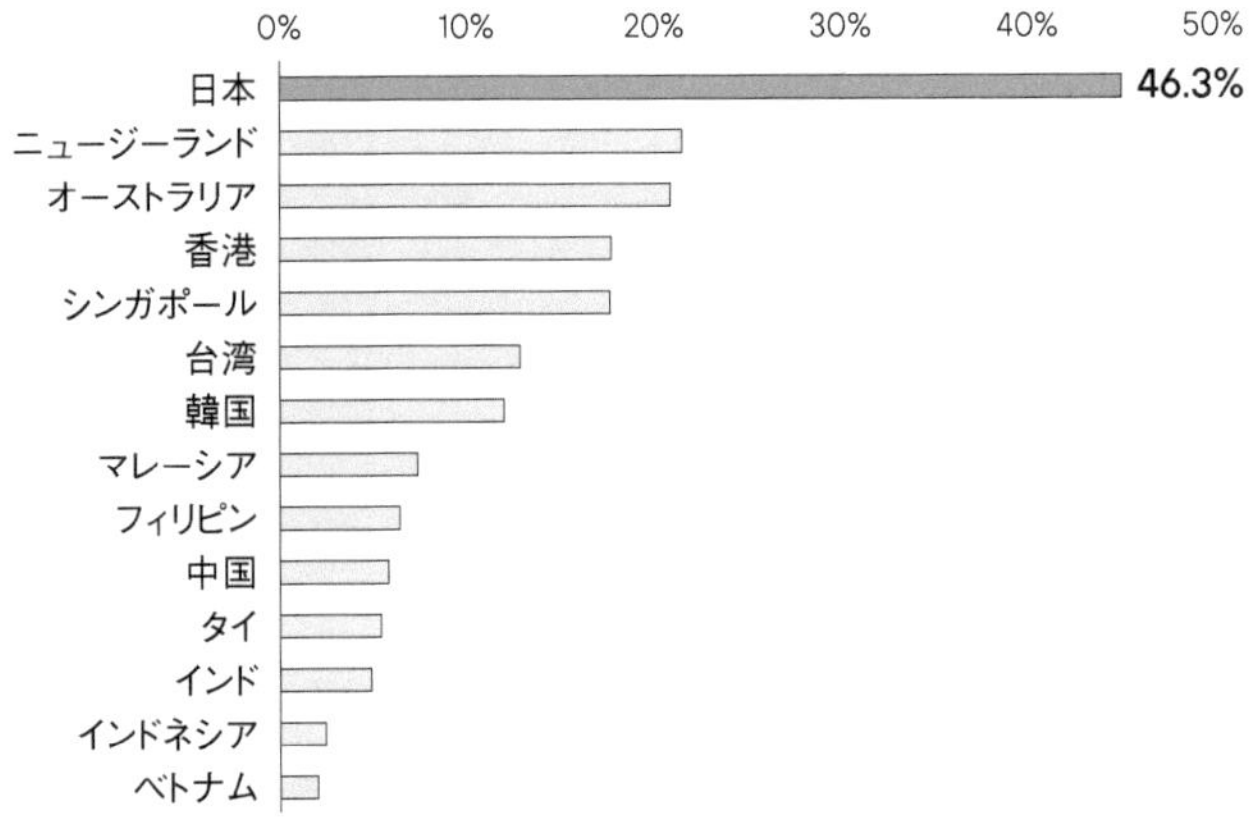

[出所]パーソル総合研究所「APAC就業実態・成長意識調査(2019年)」を基に経済産業省が作成。

と捉えることができます。日本は27カ国中下から7番目です。12・9%という割合は、27カ国の平均26・3%に遠く及びません。MBAがすべてというわけではもちろんありませんが、経営者やリーダーとしての教育、プロフェッショナルとしての高度な学び、それに対する意識の高い人材が少ないということは言えるのではないでしょうか。

「学ばない」ことがビジネスパーソンの習慣として定着した結果、個人の現場のスキルだけではなく、企業全体や社会全体の経営力やリーダーシップが弱まっていると言わざるを得ません。人材教育への投資や人件費が削減され、一方では給料が上がらず自分への教育

図3: 30歳以上の「修士」課程への入学者の割合(2015年)

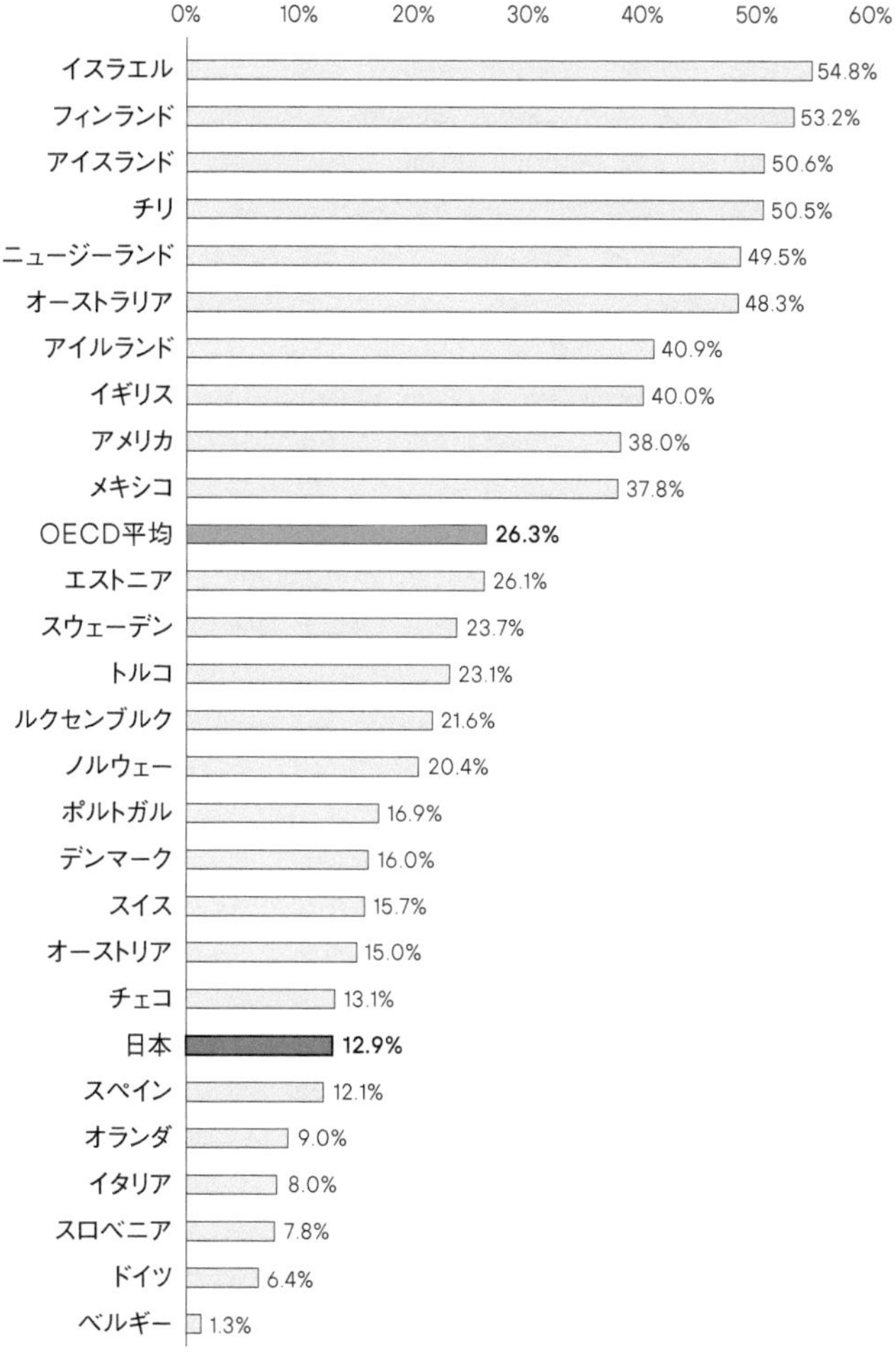

[出所]文部科学省「高等教育機関における25(30)歳以上入学者割合の国際比較」
(高等教育の将来構想に関する参考資料, 平成30年2月21日)を基に著者作成

にかけるお金や関心がない、その結果イノベーションは生まれず、企業は収益性が低下する中でさらに人材に対する支出を抑える……こうした悪循環によって、勝ち組と負け組が生まれる構造ができあがったわけです。

次に図4を見てください。実線は出世したいと考える人、破線は出世したいと思わない人のそれぞれの割合です。年齢を重ねると共に出世したいと考える人の割合が急激に低下し、逆に出世をしたくない人の割合が高まります。

この2つが交差するのが42・5歳です。つまり、多くの人が40代前半で出世を諦《あきら》めてしまうということです。

同じような傾向がキャリアの終わりに関する意識にも表れています(図5)。「自分のキャリアはもうこれで終わりだ」と考える人の割合と、「自分のキャリアはまだまだ伸びる」と思う人の割合は45・5歳で反転します。出世したくない上にキャリアも伸びないと思っている人たちが居座り、成長したいという意欲のある人を抑えつけてしまっている――ダイナミックな組織になるのを妨げる重しである、いわゆる**「粘土層」**を形成し組織の沈滞化

図4: 40代でのキャリア観の変化(1)

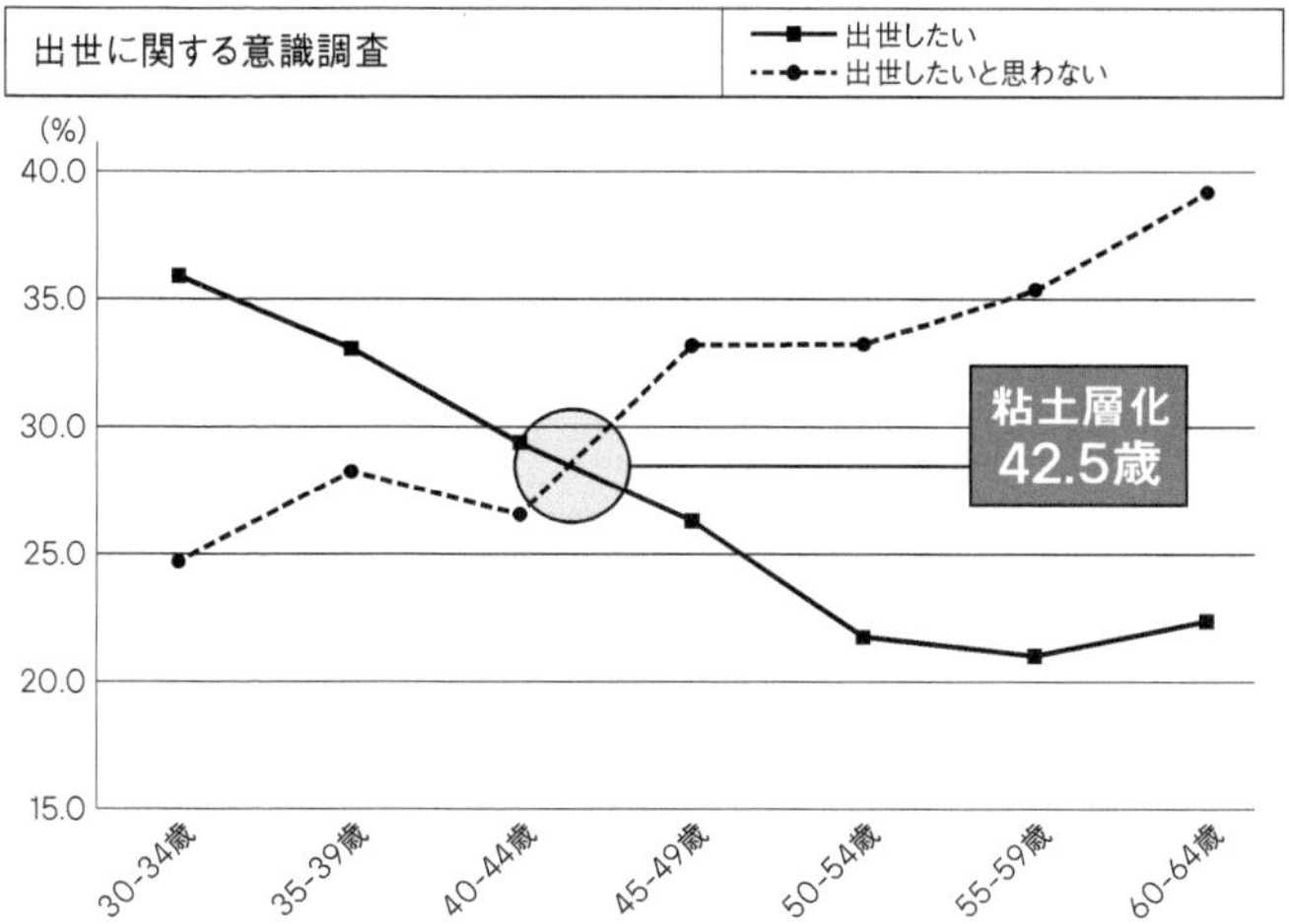

図5: 40代でのキャリア観の変化(2)

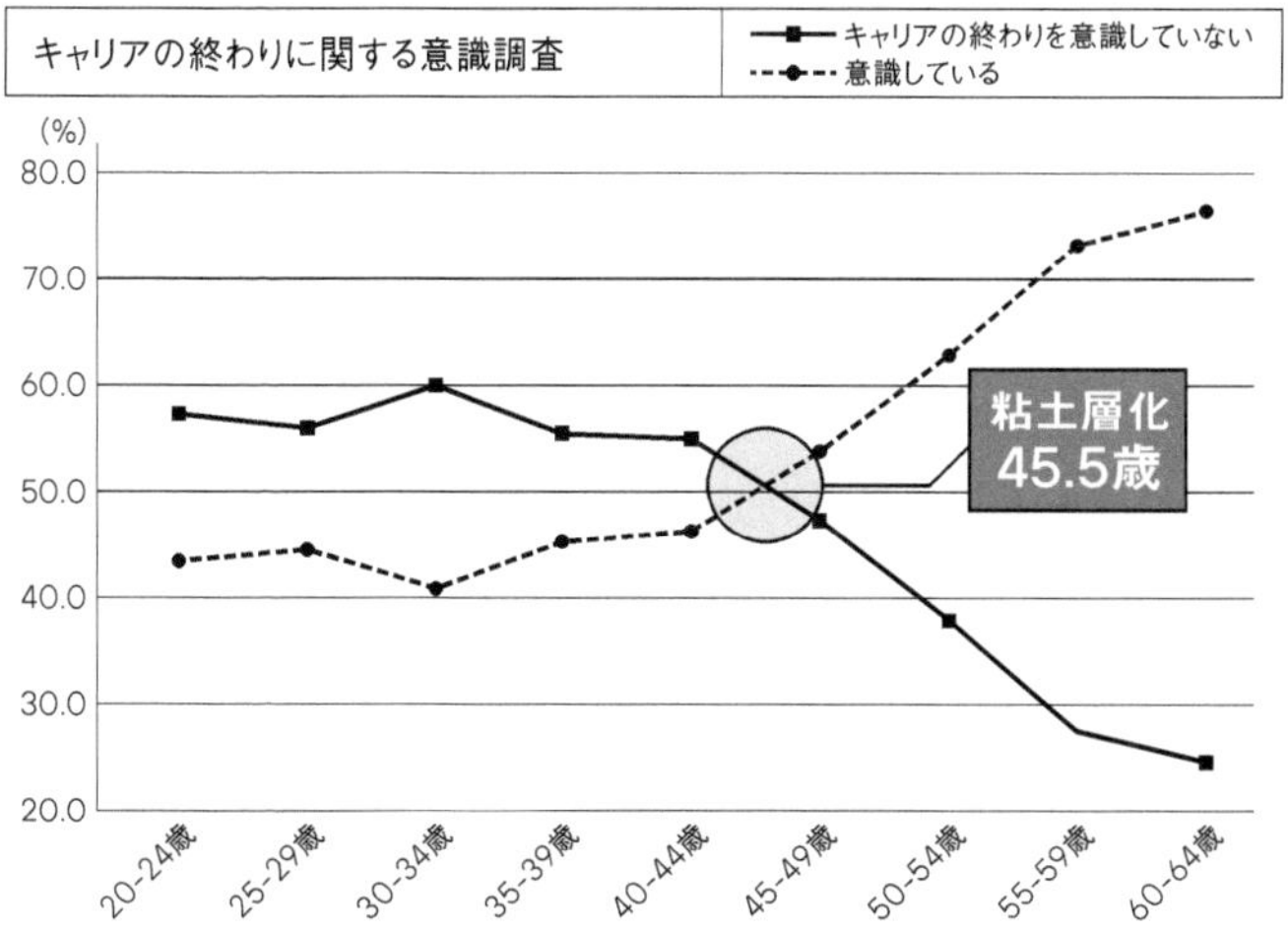

[出所]法政大学大学院石山恒貴教授資料およびパーソル総合研究所「1万人成長実態調査2017」を基に著者作成

を招いているのが現状なのです。

残念ながら、日本の勤労者の半分以上は今では負け組ということになります。本当の負け組というよりは、学びを放棄し自分自身で自分を負け組と位置付けているというべきかもしれません。変化が速い時代に、学ぶのをやめることは、経済社会全体の悪循環までを引き起こすのです。

これは雇用の流動性・キャリア自律意識を高めずに、勝ち負けだけでレッテルを貼るような安易な成果主義を導入したツケでもあり、人的観点から日本企業の成長を縛る構造問題であると言えます。

こうして日本の地盤沈下は止まりません。「学ばない国・日本」の国際競争力が低下しているのは当然の結果でしょう。日本はモノづくりを基盤とした工業生産力モデルで躍進してきましたが、一時の「ジャパン・アズ・ナンバーワン」のおごりとバブル崩壊を経て、世界のデジタルシフトに対応したビジネスモデルイノベーションができずに成長できない、いわゆる「失われた30年」が今も続いているのです。

なぜ個々人が学ばなくなったのか？　その理由はいくらでもあります。学ぶ習慣がない、学んでもしょうがない、学ばなくても大丈夫、学びは会社任せ、学ぶ金がない、学ぶ暇がない、学ぶメニューがありすぎて選べない、学ぶのは苦痛、学ぶより今の楽しみを追求したい……。

日本は依然として世界第3位の経済大国であり、やりたいことができる環境がある程度整っています。その一方で、あえて何かにチャレンジするよりは、現状の範囲内でやれる範囲のことをやるほうが安心だとも考えられます。リスクを取って何かを変革したい、起業したい、新しいことに挑戦したい……というのは「ギラギラ」したことで、安全運転して、怒られないように、失敗しないように、ネガティブなものを寄せ付けないようにすることをよしとする風潮もあるでしょう。

リスキリングに関する本を手に取っている方の中にも、本音では「頑張る必要などあるのか？」と思っている方もいることでしょう。

リスキリングが人生を輝かせる

今、あらためてリスキリングを模索すべき理由は、果たしてどこにあるのでしょうか？外部環境は激変しています。デジタルトランスフォーメーションが企業や国にとっての待ったなしのアジェンダになる一方、個人は人生100年を生き抜くことが求められるようになっています。その中で取り残されないようにしようという危機感を持つと同時に、学び直しをすることで新しい可能性や選択肢が広がることに目を向ける必要があります。

現に、Z世代は最初の会社に2～3年勤めてスキルを身につけた上で転職することが前提の「転職ネイティブ」とも言われています。入社や終身雇用がゴールなのではなく、スキルを身につけた上でキャリアアップしていくことを前提にしているということです。

昨今の就職人気ランキングではかつて花形と考えられていた大手総合商社や金融機関、有名メーカーよりもコンサルティング企業が脚光を浴び、ＩＴ企業への関心も高まっています。スタートアップやベンチャー企業に就職して腕試しをしたいと考える学生も増えています。若いうちからスキルを更新し続けていこうという意識が高まっており、新しいスキルを身につけ続ければキャリアの可能性が広がると考えられているのです。逆にいえば、1つの会社にとどまり続けるリスクが意識されているということです。

今はVUCAの時代だと言われています。社会はVolatility（変動性）、Uncertainty（不確実性）、Complexity（複雑性）、Ambiguity（曖昧《あいまい》性）に満ちており、今後を予測することは極めて難しいという時代認識です。その中で諦めるのでもなく、組織にしがみつくのでもなく、前を向いていきましょう。またあれもこれもとじたばたしてもしょうがないので、そこは戦略的に学びましょう。

「4つのS」を軸にリスキリングに向き合い、現状に安住せずにそこから飛び出し、未来を志向して価値を発揮し続ける存在でありたいものです。

それが個人の人生を永続的に豊かにし、企業や社会経済の活性化につながっていくのです。

第1章

世界の変化と立ち遅れる日本

正しい世界観・時代認識を持とう

「4つのS」を軸にしたリスキリングの前提として、まずは現状に対する正しい世界観・時代認識を身につけていきましょう。

リスキリングを通じて、どのような可能性や選択肢を追求していくべきなのか、今私たちは時代の潮流についていくことができているのかなどを考える上で、**世界はどこに向かっており、日本はその中でどのような立ち位置にあるのかをまず認識しておく必要があります。**

それが、私たちが主張する4Sの背景でもあります。そこでこの章では、世界の大きな潮流として、デジタル化、持続可能性、安全保障、ルール形成、ヒューマニティ（人権やダイバーシティ）という切り口を取り上げ、世界の最先端の動きを紹介しつつ、日本の現状を考察します。

いわゆるVUCAの時代に未来を予測するのは難しいかもしれません。だからこそ、正しい世界観・時代認識を身につけて、情報を自分なりに考え知識化しておく必要があります。世界はどのように変化しているのかについて認識を持っておかなければ、現状に目を奪われ、立ち尽くしたまま、自律的な生き方やキャリアを追求していくことはできません。

少しマクロな観点からの話に、お付き合いいただければと思います。

1　デジタル化

デジタル化を最も簡単に表現すると、「アナログのものをデジタルに変えること」と言えます。そういう意味では、デジタル化というのはあくまでも道具であり、手段なのです。

その先にあるのが、新しい技術を使って業務プロセスやビジネスモデルを変革ないし創造し、新しいビジネスやプラットフォーム、商品やサービスを生み出していくデジタルトランスフォーメーション(DX)です。最終的には物事のやり方を変革し、新しい価値を創出し、競争力を高めていくということを目指すのが真のデジタル化です。

DXの先に求められるのは、パーソナライズしたサービスを提供していくためのデータの効果的な収集・分析・活用、様々なステークホルダーと連携してルールやサービスのあり方を定義していくプラットフォームの構築、データやプラットフォームの力をより発揮していくためのＡＩによるアナリティクスや予測です。

デジタル化を道具や手段として捉えると、例えばかつてブルドーザーが登場したのと同じだと考えることができます。

ブルドーザーが投入されるようになると、それまで人力で行われていた土木工事を少人数で短期間に、より効率的にできるようになりました。デジタル化もそれと同じようなものです。スマホが1台手元にあれば、小学校から義務教育で学んできた内容の大半をすぐに調べて答えを出すことができるでしょう。このデジタル化の時代に大切になるのは、データを集めて分析し、それを価値の創造や競争力の強化につなげていくことになります。

ところが、**デジタル化の大きなうねりの中で日本は正しい時代認識を持つことができず、スマホやクラウドへの移行では完全に出遅れてしまいました。**日本の強みはモノづくりです。そこには摺《す》り合わせ技術、暗黙知、アナログの三現主義（現場・現物・現実）などの日本の得意技があります。それらが相俟《あいま》っていいモノができるゆえに、技術者は顧客のベネフィットや顧客のウォンツからの発想で自分のモノを破壊（disrupt）する発想が弱いのです。手動の缶切りをもっと便利にしようと電動缶切りに移行してしまい、プルトップ缶を発想できないのと同じです。

また仕事が暗黙知ベースなので、いまだに情報をファックスでやりとりするように、データが未整備でデータサイエンスも発達しませんでした。ビッグデータよりも自前主義の情報の囲い込みで満足してしまい、効率を犠牲にして大量の社内システムが複雑に作られ続けたのです。

カード会社は長い間、経産省の管轄であり、多数のノンバンクとしてのカード発行体が存在し、意味のない過当競争が行われています。2周遅れの政府のサービスのデジタル化も、最近になって、やっと保険証とマイナンバーカードと運転免許証を一体化するという発表がありました。しかし、カードにいくつもの個人情報を入れるよりも、スマホを人体認証で本人確認ができる端末として使えば、カードよりもクラウドサービス上にデータを保存ができるだけでなく、その方がセキュリティ対策上も有効であるという認識さえ、日本では一般的でないという状況が続いています。

結果として、今では日本や日本企業はＧＡＦＡやＭＴ ＳＡＡＳ（Microsoft, Twillio, Shopify, Amazon, Adobe, Salesforce）は言うに及ばず、中国やアジア諸国にも大きな差をつけられてしまっています。スイスのビジネススクールＩＭＤが発表した２０２２年の世界デジタル競争力ランキングでは、対象となった63カ国・地域のうち日本は29位でした。デンマークや米国、スウェーデンやシンガポールをはじめ、韓国（8位）や台湾（11位）にも大きく後れを取っています。日本からはＧＡＦＡに対抗できるようなプラットフォームは登場していませんし、ユニコーン企業についても中国やインドに大きく水をあけられています。

さらに、今後デジタル化を牽引《けんいん》していくエンジニアも育っていません。経済産業省は２０３０年までにＩＴ人材が40万人から80万人不足すると試算しています（経済産業省商務情報政策局情報処理振興課作成資料「ＩＴ人材育成の状況等について」より）。同じ資料では、ＩＴ人材のスキルレベルについて、「世界的な規模でみても、我が国のＩＴ人材はレベルアップが必要な状況にある」と断言されています。加えて、ＩＴエンジニアがベンダー企業に集中的に偏在し、企業内に存在していないことも大きな問題です。企業がデジタル化のニーズをすべてベンダーに外注してきたため、社内でＩＴ人材が育っておらず、企業の内側からデジタル化していくエンジンが欠けているのです。このような時代認識を持つと、デジタルリテラシーの向上が不可欠であるのは自明の理です。データサイエンスやプログラミングなどの最低限の知識を勉強しなければ取り残されるままでしょう。

しかし話はそこで終わりません。このデジタル化の時代にさらに大切になるのは、考える力や感じる力なのです。ＡＩやＩｏＴの時代になっても、人間にしかできない能力や知見を身につけることです。

ＡＩにはできない人間としての価値とは何でしょうか。それはデジタル化によるデバイド(分断)ではなく、つながりを求める共感力であり、時代の流れ、人の意識を読み取り読み解く洞察力であり、美や芸術など人間の心を感じる力です。

デジタル化は、逆説的ですが人間力を磨くことを要請してもいるのです。サイエンスの根底には人間理解が欠かせないのです。デジタル化された時代の考える力とは、こうした人間理解に基づいてよりよい社会をつくるために適切な質問を見つけることを意味します。いい質問を見つければ、ほとんどの答えは、インターネット上から検索できる世の中になってきているからです。

足元では大企業が社内人材のデジタル教育に乗り出しています。学校においてもタブレットを活用した授業を展開したり、プログラミングを学ばせたりするなど、少しずつ変化が現れています。日本人は勉強以外の場では、例えばゲームなどを通してデジタルの面白さやデジタルが生み出すつながりに触れています。その体験をゲームやエンターテインメントだけで終わらせるのではなく、深く物事を探求し考えるサイエンス思考を磨く教育につなげていく必要があるでしょう。

楽しくなくては継続して学ぶ意欲は起きません。デジタルの力を使って学びの楽しさを感じてもらい、合理的に考えた成果を目に見える形で出せるものにすることです。スマホで何でも調べられる時代、日本式の暗記教育は意味をなさなくなりますが、逆に捉えると、暗記に使っていた時間を使って、デジタルを活用して考えるスキルを磨く時間に使えるようになるということです。オリジナリティのある人間になり、同調圧力に負けない科学的な考え方を身につけていきたいものです。**このように考えるといわゆるデジタルリスキリングは、デジタル時代のほんの入り口でしかありません。デジタル時代の基礎としてのデジタルリテラシーにとどまらず、デジタルを活用するための人間理解、サイエンス思考に基づいた目的創出能力こそが重要なリスキリングテーマとして見えてきます。**

2　持続可能性

徳岡は数年前にオランダのアムステルダム・スキポール空港に行って驚いたことがあります。

タクシー乗り場に向かったところ、客待ちをしていたタクシーのほとんどすべてがテスラだったのです。ほんの少し前までは多くはベンツだったはずです。

同様に、パリに行っても欧州の動きが進んでいることに驚きました。街中のいたるところに電気自動車（EV）の急速充電装置が設置されていたためです。欧州は完全に電気自動車へ舵《かじ》を切っており、欧州連合（EU）は2035年までにガソリン車の新車販売を原則禁止にする方針を打ち出すなど、環境規制で先行しています。

自動車に限らず、世界中で持続可能性を前面に出した政策や規制の方向性が顕著です。

2015年に採択されたパリ協定では、世界共通の長期目標として「2℃目標」（産業革命後の気温上昇を2℃以内に抑える）の設定、さらにCOP26では1・5℃に抑える努力を追求することが定められ、主要国は実質的な排出ゼロ「カーボンニュートラル」を達成することが目標になっています。このように持続可能性や脱炭素というのは、お題目ではなく世界的な潮流であるということをしっかり理解しておく必要があります。

国際労働機関によると、脱炭素に向けた再生可能エネルギーへの移行の過程で2030年までに石油など化石エネルギー分野において世界で約600万人の雇用が失われると試算されています。持続可能性に向けた脱炭素は決して平坦《へいたん》な道のりではありません。それでも、欧州各国は持続可能性やグリーントランスフォーメーション（GX）に向けて力を入れています。

痛みを伴うこともあるこのような取り組みは、「人類全体の共通善」という大義だけに突き動かされたものではなく、背後にはそれなりの計算もあります。

それは**ルール形成の観点から市場を作っていこうという動き**です。

欧州や米国の一部でガソリン車の新車販売を禁止するのは、現在の経済の動きや市場のニーズとは全く関係のない角度から突如作られた新しいルールです。先にルールを作ってそれに企業や社会・消費者が合わせさせられるというのは、「よりよい地球環境」という大きな将来に対するビジョンがなければできることではありません。

それと同時に、欧州や米国の自動車会社としてもEV（電気自動車）の生産と供給にある程度の自信を持っているという現れであり、新たな規制の下でも勝っていける、日本の自動車会社のシェアを奪える、という感触があるということです。

このように全く新しいルールを作ることで、企業と政府が新たな市場を作り出しているのです。化石エネルギー分野で約600万人の雇用が失われると先ほど述べましたが、その一方では、グリーン経済が創出されることで新たに2400万人の雇用が生み出されるとも試算されているのです。

日本はどうでしょうか。環境問題や温暖化対策について国として百年の計がなく、政府や行政は機能不全を起こしていると言わざるを得ません。産業界も短期目線に終始しています。例えば、EVへの移行について見ましょう。日本の自動車会社はハイブリッド車でそれなりに成功しました。それがかえってあだになって、リーフやアリア、サクラをすでに販売している日産以外の自動車会社はEVへの移行に積極的ではありませんでした。

また、個別企業の努力だけの問題ではなく、政策としてEVへの移行が後押しされてこなかったのも問題です。日本がもたもたしている間に、世界の市場では外堀が埋まり、主流はもはやEVに移りつつあります。目先のハイブリッドの成功にとらわれるあまり、長期的な視点や世界観を持ち、未来はどこに向かうのかを考えられなかったツケがEV開発の遅れに表れていると言えるでしょう。

持続可能性に対する投資はどうでしょうか。

日本でもESG（環境・社会・ガバナンス）投資が最近増えてきているとはいえ、グローバルの動きと比べると規模の違いは歴然としています。世界のESG投資の総額は2020年時点で35兆ドル（うち米国が17兆ドル、欧州が12兆ドル）に対して、日本はわずかに3兆ドルです。

振るわない理由はどこにあるのでしょうか。日本ではESGをCSR（企業の社会的責任）と勘違いしてしまっていると指摘できるでしょう。ESGを「何も悪いことはしていません」と弁明するだけのコンプライアンス的なものだと捉え、ビジネスとしての持続可能性を定義して世界に打って出ていく成長戦略に結びつける発想に乏しかったのです。そもそもCSR本来の意味は、社会的責任をよりよく果たすべく「自社のありようを変える」ということですから、根本からイノベーションに後ろ向きでずれているのです。

これに呼応するように、環境に関連した将来性のあるビジネス分野へのベンチャー投資もふるいません。例えばBコープ認証を例にとってみましょう。Bコープとは株主の利益だけではなく、従業員、消費者、地域社会、環境に対して包括的な利益を生むビジネス活動を推進するインパクト投資を率先するESG企業に対する国際的な認証のことです。

代表的な例として、パタゴニアやベン&ジェリーズなどが含まれます。Bコープに認証された企業は環境ばかりを取り上げてビジネスにしているわけではありませんが、それでも2022年12月現在、世界87カ国に159業種6183社のBコープが存在しています。その中で日本では15社のみと言われています。日本には起業家がそもそも生まれにくい土壌もありますが、欧米企業がこれだけ多い理由として、Bコープ認証やインパクト投資会計、インパクト測定基準の標準作り、アウトカムズファンドなど、社会的投資周りのルール形成が着々と進んでいるという理由もあります。

持続可能性に対する長期的なビジョンがないことは、設定する目標が低いことにも表れています。2020年になって、当時の菅義偉首相は2050年までのカーボンニュートラル達成を目指すと発表しました。各国の掲げる目標にならって恰好《かっこう》はついたように見えますが、世界のリーダーとしては遅い目標設定であると考えます。イギリスは2019年6月27日に、2050年までにカーボンニュートラルという目標を発表し2021年4月には「2035年までに78%カーボン排出量を削減する」とさらに踏み込んだ発表をしていました。

EUでは2030年までに1990年比55%、2050年までのカーボンニュートラル、米国も2050年までの温室効果ガス排出ネットゼロを打ち出していますが、欧米共に日本よりも早い段階にコミットメントを発表しています。

これらの事象から世界を見渡す力が重要であり、英語力も含めた時代を見定める眼、未来のシナリオを主体的に描く力を磨くリスキリングの必要性を痛感させられます。

3 安全保障

国の安全を保障するのは、外交力、経済力、武力の3つの力であると言われています。

そして、この「武力」の範囲はもはや兵器を使った伝統的な戦闘だけでは捉えきれなくなりました。ロシアによるウクライナ侵攻は「ハイブリッド戦争」と呼ばれています。政府や民間機関へのサイバー攻撃をはじめ、マスメディアやソーシャルメディア上での情報戦や偽情報の拡散など、サイバー空間も戦場になっています。実際、国としてデジタル化に力をいれてきたウクライナは、IT力や技術力をフルに活用しており、これが予想以上に善戦している要因の1つだと言われています。またウクライナ市民や大統領によるSNSを通じた情報発信によって、特に欧州地域の市民の共感や連帯が生まれています。

ウクライナへの侵攻は、私たちの身近にある台湾問題という大きな地政学的リスクを日本に突き付けています。北朝鮮の動きからも目が離せません。安全保障の環境が緊迫化している中で、あらためて日本の力について考えると心もとない思いがするのは私たち著者だけではないでしょう。ミサイル、宇宙空間、サイバー、電磁波など、どの能力を取ってみても自衛隊の力不足や予算不足は明らかです。さらにデジタルと絡むと脆弱《ぜいじゃく》さが一層如実になります。ハイブリッド戦争でターゲットになる公的機関も民間企業も、十分な水準のサイバーセキュリティを備えているとは言えません。

安全保障の態勢が整っていない事例として、驚く事実があります。艦船や空母といったものは建造するだけではなく、定期的な保守整備が欠かせません。戦闘に使用されなくても、通常の走行や訓練だけでも整備が必要になるのは自動車や他の機械などと同じことです。このような必要なメンテナンスを、昔は海軍の直轄組織である海軍工廠《こうしょう》が請け負っていました。しかし『自衛隊最高幹部が語る令和の国防』(岩田清文、武居智久、尾上定正、兼原信克著、新潮新書)によると、現在では民間委託されており、仮に実際に戦闘が起きた時に、日本の民間企業の整備担当者が自衛隊と共に戦闘地に赴くとは考えられないというのです。

つまり、実際に紛争が起きた時にまったく使えないスキームになっているということであり、実際の紛争を想定した態勢も練られていないということです。

経済安全保障においても立ち遅れています。例えば、セキュリティクリアランスに関する問題があります。セキュリティクリアランスとは先端技術の流出を防ぐために、公的機関や関連する民間企業が人材を採用する際に信頼性を確認する制度のことで、世界の多くの国において採用されています。

ところが日本ではこの制度が法制化されていません。日本企業の秘密を守るといった経済安全保障の観点から導入が必要であるだけではなく、日本としてサイバーセキュリティに関する十分な情報を外国の機関から得られないという意味でも大きなマイナスです。日本には海外の安全保障上の情報にアクセスできる能力が備わっておらず、情報が遮断されているのです。

デジタル化が進めば進むほど、サイバーセキュリティは大きな課題になります。Web3・0や量子コンピューターの世界が到来してくれば、当然その初期には様々なサイバーセキュリティ問題が出るでしょう。デジタルリテラシーの次にはセキュリティリテラシーが求められるのは必定です。ここでのイノベーションを起こしていくことがなければセキュリティ技術も他国に握られ日本は自国を防衛できません。

例えばFBIは、2022年にイランのハッキンググループが14カ月間にわたってアルバニア政府のデジタルサービスに侵入し、情報を抜き取っていたというデジタル攻撃について発表しました。このイランのグループは、電話会社になりすましてサービスへのアクセスを続けていたのです。このような事件が頻発しており、現在、情報へのアクセス制御に用いられているPKI（公開鍵暗号《こうかいかぎ》）を利用した認証方式さえも、今後、高度なハッキング集団が現れたり量子コンピューターが登場すると簡単にハッキングされ、なりすましができてしまうことになるでしょう。

安全保障には、突き詰めれば、国同士が相互に守りあうことが欠かせません。その場合、守ってもらうだけでは成り立ちません。こちらから提供すべきものがないのに、相手からは守ってもらうことを期待できるでしょうか。国として総合的にどのように地政学上の脅威と戦っていくのか、無関心であったり、議論することを避けてきたりした現状を抜け出して、適切な態勢を整えるべき時でしょう。

その意味でも、外交力、軍事力は厳しくても、かつては強かった経済力を復活させる力ギ、すなわちイノベーションが重要です。イノベーション力が弱ければ、サイバー防衛も自力ではできません。イノベーションの創出やセキュリティのためのリスキリングが極めて重要な分野であることがお分かりいただけると思います。

4 ルール形成

ルール形成の役割やインパクトを知るために、まことしやかに語られている興味深い逸話を紹介しましょう。自走式掃除機の先駆け、ルンバが登場したのと同じような時期に日本の大手家電メーカーでも自走式掃除機の開発に着手しようとしていました。技術的には可能であり、商品化できるものでした。

ところが同社の役員会にかけられたところ、この自走式掃除機のアイデアは却下されてしまったと言われています。その理由として、「掃除機が階段から落ちて下にいる赤ん坊にあたって怪我をさせたらどうなるのか」「仏壇にぶつかって、燃えているロウソクが落ちて火が燃え広がったらどうするのか」といった懸念の声が上がったためだと言われています。

真偽のほどはともかくとして、安全第一で極端にリスクを避けようとする日本企業の体質をよく表していると言えますし、技術ですべてを解決しようという発想が見て取れます。かたやルンバは、最初から使用できない場所を特定して使い方を説明する一方で、すべてを技術では解決できないという割り切りがあります。また技術で対応しきれない場合は保証や使用条件などのルールや規制を第三者委員会などの客観性を保てる組織の下で検討する余地もあります。技術だけでは解決できない安全性や性能に関する懸念を、ルールを作ることで解決する、これが欧米流のやり方なのです。

規制や基準、規格や標準といったルールは、どのようなものが適用されるかによって国や企業の競争に有利にも不利にも働きます。**日本ではルールは「守るべきもの」と捉えられがちですが、反対に欧米では「ルールは作っていくもの」と認識されています。日本の国や企業にも、自国や自社に有利なルールを世界共通の標準にしていこうというルール形成のマインドセットが必要です。**世界の先端的なルール形成の例として、持続可能な経済活動を定めたタクソノミー、原材料や持続可能性を製品に紐《ひも》づけるデジタルプロダクトパスポート、リサイクル材の利用を義務づける欧州電池規制などが挙げられます。

例えば電池規制では、電池の原材料として使える鉱物や、生産工程での人権侵害や児童労働の有無、公害を出さない製造などがチェックされます。合格しなければＥＵ域内で販売することはできません。このようなルールができると、企業が環境問題や持続可能性、児童労働やリサイクルなどに関心があるかどうかに関係なく、また市場性や経済合理性があるかどうかに関係なく、ＥＵにおける電池の規格が定まり、それによって市場が形成されていくのです。

新しいルールを規制の強化や変更と捉えるだけでは不十分です。新しいルールによって市場が創造され新しいニーズが生み出され、それがイノベーションにつながると捉えるべきです。そしてこのような新しいルールの根底には、持続可能性や環境保護といった社会の「共通善」に対する認識があることにも注目すべきでしょう。

ただ自国や自社の利益を追求するためだけのルールでは他者の共感を得ることはできません。社会課題の解決や公共の利益といった共通善を掲げてこそ、社会に受け入れられるルールになるのです。

先ほど例に挙げたデジタルパスポートや電池規制などは、地球をよりよくしたいという長期的な理念を大前提にしつつ、ルール形成で主導権を握ることで、特に欧州が世界をリードし新たな市場で優位性を得ることができるように設計されています。

「ルールは作っていくべきもの」という考え方の根付いている欧米では、いわゆるルール形成人脈のネットワークのようなものが存在しています。企業でいうところの渉外担当者のような存在です。そのネットワークの中でお互いに相談しあいながら、新しいルールの落としどころを探っていくわけです。このネットワークに入っていなければ交渉のテーブルにつくことさえできませんが、残念ながら日本は蚊帳の外に置かれているケースが多いのが現状です。

日本がルール形成に失敗した例としては、FeliCaが日本国内の足の引っ張り合いで、カードの国際規格になれなかったという事例が有名です。ヨーロッパの規格であるタイプAとタイプBに比べて、電力消費量、セキュリティ対策などの点で優れていると認められていたFeliCaをタイプCとして認めたくないという日本国内での競争相手が足を引っ張ったともいわれています。

もちろんルール形成で成功した事例もあります。ダイキン工業は空調の電力消費や冷媒に関する国際的な規制や規格の策定を主導しようと積極的に動いており、「国際ルール・基準づくりを通じた市場価値形成」を経営戦略の中に掲げています。中国における空調市場で成功できたのは、省エネ基準の策定に関して同社からの働きかけがあったからなのです。

ここでも世界の新たな潮流に乗り遅れ、目をつむって外界を見ていない間に、世界はどんどんと先に行っています。VUCAの中で右往左往しているのは日本だけになりかねません。**世界は変化を利用したり、仕掛けたりして来ています。その時代認識をしっかり**

持って、世界を舞台にスピード感をもって意思決定し、リーダーシップをとって自らを変えていく力が必要です。そのような目的意識を持った戦略的リスキリングこそが必要なのです。

5　人間性

「ウェルビーイング」の考え方が広く浸透してきています。ウェルビーイングとはすなわち、「身体だけではなく心も含めた健康と幸福、満たされた状態」という意味です。「人的資本」や「人財」「人才」という言葉に注目が集まっているのもこの流れです。

人間性（ヒューマニティ・人権）を大切にしていこうということの世界的な潮流の根底にあるものは、脱炭素や環境問題などを含めた持続可能性への意識と同じく、人類全体の共通善に対する認識です。人間性を重視していくためには、企業には適切なガバナンスが備わっていること、多様性（ダイバーシティ）が確保されていること、短期的な成果主義ではなく長期的な人材育成を志向すること、人材育成をコストとみなすのではなく投資と捉えることなどが求められます。

人材ひとりひとりの価値を認め、その人権や幸せ、ワークライフバランスを尊重していきましょう、という流れです。資本主義も今までのような収益至上主義から人間性を重視したものへと変化しつつあるのです。


人を大切にしていこうという動きはもちろん日本でも見られます。働き方改革が叫ばれて数年経っていますし、男性の育児休暇の推進、残業の削減、有給休暇取得の増加など、企業も政府も様々な取り組みを実施しています。精神力で頑張る、猛烈に働く、といった昭和的な働き方のカルチャーを見直していく動きです。

しかし、興味深いデータがあります。米国のギャラップによる2022年の「エンゲージメント調査」によると、日本企業はエンゲージメントが高い、つまり、熱意の高い社員の割合が5％になっています。最も高い北米地域は33％、世界平均は21％ですから、日本は大きく劣っていることになります。

働き方改革の中で社員のウェルビーイングに対する意識が高まってきていることは事実ですが、その取り組みが社員のエンゲージメントにつながっていないのであれば、何かがずれているのではないでしょうか。働き方改革の観点から、ただ労働時間を削減して休日を増やしても真の意味でのウェルビーイングにはつながっていないのです。

ウェルビーイングにつながる人間の本当の幸せは何でしょうか？　それは将来に向けて成長していくこと、自己実現していくこと、社会に対して価値を創出できることなどでしょう。ここに、本書のメインテーマである「4つのS」を軸にしたリスキリングの果たす役割が大きいと考えます。すなわち何のためのリスキリングかをよく考え、自分の成長を描ける軸を持って戦略的リスキリングに取り組むということです。

さて、人間性重視の指標の1つともいえるダイバーシティについて、世界から見ると日本は立ち遅れています。例えば房の住んでいる英国では、英金融行動監視機構（FCA）が企業の経営陣の多様性に関する目標を設定しています。取締役会の少なくとも40％を女性とし、1人は有色人種とすること、さらに、会長や最高経営責任者（CEO）、最高執行責任者（COO）などの上級職も少なくとも1人を女性にすることがルールとして上場企業に課されています。

また、「30％クラブ」という世界的なイニチアチブもあります。取締役会に占める女性の割合を30％以上にしていこうという取り組みで、日本にも２０１９年に支部が創設され、参加する日本企業が増加しているのは頼もしいことです。

ただし、日本の支部が設立されたのは２０１９年であり、２０１０年にこの取り組みを創設した英国から9年遅れました。日本企業がやっと支部を創設して取締役会の女性比率を30％にしようという目標を追っている間に、英国は自主的な努力目標ではなく国のルールとして40％という数値を定め、そこに向かって進んでいます。まさに日本の周回遅れの状況を示していると言えるでしょう。

日本では女性の社外取締役というと、同じような顔ぶれの方々ばかりになってしまっています。取締役や企業経営者の役割を担える女性人材がいないと言われていますが、果たしてそうでしょうか。企業は本気で女性のリーダーシップに投資しているのでしょうか。女性目線や様々な国籍や文化に基づく多様性の視点があるのとないのとでは大きな違いが生まれる、ということは頭で分かっているものの、それが実際の経営に反映されていないのです。

人間性重視の経営は大義だけの問題ではなく、業績にも直結します。エーザイで最高財務責任者（CFO）を務めた柳良平氏は、ESGと企業価値の関連を示す算定式「柳モデル」を作り出しました。モデルの算定にはダイバーシティや女性管理職比率といった指標が利用されており、10％女性管理職を増やす（例：女性管理職比率を10％から11％に引き上げる）と7年後にPBR（株価純資産倍率）が2・4％上がるといった形で女性管理職の登用が企業価値を生むということが数値で示されています。

技能実習生にまつわる問題でも、ダイバーシティや人権に対する欠如が表れているといえるでしょう。母国の仲介業者に技能実習生が多額の手数料の支払いを求められること、日本に来てからの転職が制限されること、さらにはパスポートを取り上げられるなど行動の自由が制限されること、受け入れ企業の間では一般的に行われているこのようなことは、国際的な規範から見ると人権侵害や、さらに突き詰めると「現代の奴隷制度」とみなされます。

人権意識が欠けているだけではなく、異なる国出身の多様なバックグラウンドを持った労働者を同僚として受け入れない、差異を価値として認めない、という差別や多様性に対する認識の欠如が根底にあります。企業価値の向上に足かせになるだけではなく、国際的に「人権侵害」とみなされると、グローバル企業との取引から排除されてしまうリスクもはらみます。

世界を見渡してみたときに、国それぞれに問題は抱えているはずですが、欧州の人権意識の高さには脱帽ですし、民主主義国VS人権弾圧をしている権威主義国といった構図で日本の立ち位置を考えると、日本は果たしてどちらなのかと自問自答してしまいます。

反省すべきところがとても多いのがこの分野ではないでしょうか。やはり世界から素晴らしい国だと言われる面に瑕《きず》をつけないよう、世界標準の視点を持ち、ヒューマニティやウェルビーイングの観点でも私たちはアップデートしておかねばなりません。これも世界の動向を見渡し未来のシナリオを考える力のリスキリングの必要性を示唆しているわけです。

日本へのインパクトとリスク

世界の大きな潮流として、デジタル化、持続可能性、安全保障、ルール形成、ヒューマニティという切り口を紹介しました。

このようなトレンドが複雑に絡み合って加速度的な変化が起き、VUCAの時代を形作っています。ここまで見てきた事例では、残念ながら日本は傍観者として立ち尽くしたまま表面的な対応に終始していることがわかります。その結果、世界の中での日本の存在感が低下しているのは誰もが認めることでしょう。企業の時価総額の低迷に如実に表れています。

「ジャパン・アズ・ナンバーワン」といわれた時代として、1989年の世界の時価総額ランキングでは上位10社のうち7社までが日本企業で占められていました。また、グローバルの上位50社のうち32社が日本企業でした。30年後の現在、かろうじてトヨタ1社がグローバルの上位50社に残っていますが(41位、2022年10月14日現在)、同じ自動車会社でもデジタルで飛躍しているテスラ(7位、同)にははるかに及びません。

VUCAの時代でも活躍していくためには、そこにある大きな課題を洗い出し、その解決策を提示していく力が求められます。序章で述べたように、「学ばない」ことが習慣化してしまった現状ではそのような問題解決型の人材がなかなか輩出されません。学び続けるリスキリングは、このような変化を主導していく主体にもなれるパワーを授けます。

本書でご紹介する「4つのS」というフィルターを通して世界の潮流に目を向けると新しい視座（vantage point）が開けることでしょう。個人としても、企業や国としても、自身の強みを活かし、弱みを克服し、社会や地球全体に価値を提供していく、このVUCAの環境をタフに生き抜く、そのカギが「4つのS」なのです。

次章では、このVUCAの時代に求められるレジリエンスについて、そして「4つのS」を身につけるという意味でのリスキリングがどのようにレジリエンスにつながるのかについて考察します。

第2章

ビジネスパーソンのレジリエンスを高める

レジリエンスは「質問を見つける力」

「レジリエンス」という言葉が使われる場面が増えています。逆境からの復元力や回復力、強靭《きょうじん》性や柔軟性という意味の言葉ですので、少し前では東日本大震災の後、最近ではコロナ禍においてこの言葉が広まったのもうなずけます。

ＶＵＣＡの時代、激変し続けるタフな環境の中で生きていくためにはこのレジリエンスを高めていくことが欠かせません。何が起きても立ち上がれる力です。

まずは個人として自分のキャリアや人生に対するレジリエンスを高めていこうという意識が必要です。

人生１００年時代では、「60歳定年で引退」はありえません。今までよりもはるかに長い期間にわたって健康で働き続けること、自分のキャリアを創造していくこと、社会に対して価値を提供することが求められています。

一方で、ＶＵＣＡの時代ですから、その長い人生の中で何が起きるか分かりません。健康でい続けたい、価値ある存在であり続けたいと思って努力すればするほど、皮肉にも寿命は長くなり激しい変化を数多く受けることになるのです。**自分個人として長い人生の中でどのような変化が起きてもそれを跳ね返し対応できる力をつけておくことが必要な所以《ゆえん》です。**

さらに、自分を取り巻く環境も大きく変化しています。第1章で述べた通り、持続可能性、安全保障、ルール形成、ヒューマニティといった、いわば日本にとって様々なニューノーマルな対応が求められています。

これまで多くの人にとっては自分の人生ではありえなかった潮流が世界を形作っています。

この大きな潮流に加えて、日本は高齢化と人口減少という非常に大きなもう1つの大波にも襲われています。このような大波に対してもレジリエンスを発揮していかなければ、簡単にのまれてしまうことになりかねません。

高齢化と人口減少に直面する社会の中で人生100年を生き抜くために個人個人が自らのレジリエンスを高めることで、社会全体としてこの大きな波に立ち向かえるだけのレジリエンスを構築していくことが欠かせません。

レジリエンスを高めていく本質は「質問を見つける力」を身につけることだと考えます。

将来何が起きるのか？　社会はどのようになるのか？　その中で自分はどのように価値を発揮していきたいのか？　それぞれの状況において「適切な質問」を探し出す力こそがレジリエンスの源泉です。

質問を通じてどのような未来になっていくのかという展望やより積極的に自分はどんな未来を築きたいのかといったビジョンにつながり、それを探求する道のりが始まります。

今の時代、正しい質問が見つかれば、答えは見つかります。または、ソリューションを自ら作り出していけるでしょう。

質問を見つける作業はＡＩやコンピューターにはできない人間だけの能力であり、自分なりの問題意識や仮説、ものの見方（アングル）を持つことがカギとなります。**すなわち適切な質問を見つける力は、まさに本書で詳述していく日本のアキレス腱である「４つのＳ」のリスキリングによって自分のアングルを持つことで、はじめて身につけていくことができるのです。**

まずはその入り口に当たり、もう少しレジリエンスの大切さについて考えてみましょう。

自分ごととしての人口減少と高齢化

日本の総人口が1億人を突破したのは1967年のことです。人口は2008年に1億2808万人でピークを迎えました。その後は減少局面に入り、2022年には1億2484万人となり、ピーク時の人口から14年で既に324万人も減少しました。

この1年だけでも66万人も減少しており、これは鳥取県全体の人口（54万人）を上回る数になります。2053年には日本の人口はついに1億人を割り込むと予想されています。

1億人を超えた1967年の時点で高齢者の人口全体に占める比率は6・6%。圧倒的な人数の若い勤労世代が高度経済成長を支えていたことが分かります。

逆に、2008年に人口がピークアウトした時点での高齢者の比率は21・5%、さらに時代が下って2021年には29・1%に増加しています。2030年の高齢者比率は30%に達することが予想されています。

ちなみに1967年に日本の人口が1億人を上回った時の世界の人口は34・6億人。2022年には80億人です。1967年時点で日本の人口が世界の人口に占める割合は

2・9%であり、それが2022年には1・6%に低下しているということです。

日本の人口が1億人を割り込む2053年には世界の人口は100億人を突破している可能性もあります。そうなると、日本の人口が世界の人口に占める割合は1%未満になってしまいます。


さて、この統計上の数字を自分に置き換えて、日本の人口が1億人を割り込む30年先の2053年を考えてみましょう。今40歳の方は70歳、50歳の方は80歳になります。

人生100年時代では70歳はまだまだ現役でバリバリ働く年齢であり、80歳でもキャリアを持っている方も多いことでしょう。現在でも70歳で働いている方は男性であれば45%にも上ります。

一般的な人が普通に亡くなる年齢（死亡者数のピーク）を示した最多死亡年齢を見ると、男性は88歳で女性が93歳になっています。2053年にはこの最多死亡年齢はこれまでの平均寿命の伸びの傾向を見ると、男性でも95歳ほど、女性では100歳に近くなるでしょう。ということは、今40歳や50歳の方は2053年を迎えてもなおまだまだ元気な高齢者になっている可能性が高いということです。

一方で、人口減少と高齢化が進む日本の社会には若者よりも高齢者があふれるようになります。どのような社会でしょうか。河合雅司氏の著書『未来の年表　人口減少日本でこれから起きること』（講談社現代新書）では、例えば、「東京で遅刻者が続出」すると予想されています。なぜなら、電車のプラットフォームが高齢者の車椅子であふれかえって、電車が正常に運行できなくなるから、ということです。

笑ってすますにはリアルすぎる話です。さて、元気な高齢者になった自分は、その時代にどのように生き、社会に貢献し、価値を生み出し、楽しめているでしょうか？　自分に当てはめて考えてみてください。

このような時代認識をもった上でそれを自分ごととして捉えると、時代の激変にのみこまれないためには、今からレジリエンスを高めていくのが重要であることが身に染みて分かるはずです。

序章においてリスキリングの目的は「未来を見通し、そこからバックキャストしてどのように自分のスキルを広げていくのか」であると述べました。まさに、高齢化や人口減少の未来に軸足を置いて今の自分を振り返ると、このタフな時代に生き抜く力を身につけていこうと思わされるはずです。

レジリエンスを高める3本の柱

個人としてレジリエンスを高めていくために、ここで3つの柱をご紹介します。1つ目はキャリアの多様性、2つ目が学びの習慣、3つ目が人脈です。

1 キャリアの多様性

リンダ・グラットン氏とアンドリュー・スコット氏の著書『ライフ・シフト 100年時代の人生戦略』（東洋経済新報社）は、これからの人生100年時代には、それぞれがキャリアの多様性を考えることが重要であると提言しています。この本は3つの生き方のパターンを示唆しています。

1つ目が「エクスプローラー（探検者）」。仕事・勉強・旅行・放浪・子育て・ボランティアなど、次々にいろいろなことに挑戦し、選択肢を狭めずに様々な機会を活用し、自分の人生を拓《ひら》き、エンジョイしていく生き方のことです。

新しい経験を積み続けることでより多様な見方や視野を得て新しい自分を発見していき

ます。今の仕事や生活にこだわらずに思うがままにのびのびと生きていくタイプのことです。いわば「ライフシフト慣れ」することで、何が起きてもいろいろな経験から学んだ実践知でレジリエンスを高められます。

2つ目が「インディペンデント・プロデューサー（独立生産者）」。組織に雇われずに、フリーランサーとして独立して専門の道を究めていく生き方です。自分自身がブランドであり、自分の専門性をベースにプロとして自立していく生き方です。

デジタル化やリモートワークの時代は、このインディペンデント・プロデューサーには追い風となるでしょう。独自の力を極めることで、「深は新なり」というように新たな世界を切り拓き、内なる多様性を持つことになるのです。自分の「プロ力」を極めることでレジリエンスを高める道です。

3つ目は「ポートフォリオ・ワーカー（複業家：筆者加筆）」です。複数の仕事や社会活動、教育、勉強、趣味などを多彩に組み合わせ、同時に進めながら生きるタイプです。どれが本業で何が副業という境目を超えた生き方ともいえるでしょう。ライフシフトの「可動域」を広げることにつながり、レジリエンスが高まります。

すべての生き方に共通しているのは、自分らしさを見極めて、理想とする自分にあった

ライフスタイルを模索していく攻めの姿勢です。自分がどのようなタイプなのかはある日突然にわかるものではありません。経験を重ねる中で自分が目指す方向や思い描く未来像が明確になり、その中で培われていくものでしょう。

この3つのタイプの中で自分に最も合ったもの、取り組みやすいものを軸に人生の戦略を定めていくことをおすすめします。エクスプローラーにしても、インディペンデント・プロデューサーにしても、ポートフォリオ・ワーカーにしても、自分なりの軸を持ってキャリアを築くことになります。

これからの時代、自分の会社や自分の専門分野そのものがなくなってしまったり、AIにとってかわられたりするかもしれません。今のスキルが陳腐化してしまうスピードも速くなるでしょう。だからこそ自分に合ったやり方で構わないので、自分のキャリアの多様性をしっかり蓄積し続けていくことがレジリエンスを高めることにつながるのです。

著者の房と徳岡は2人とも、どうやらポートフォリオ・ワーカーのようです。

房はインベストメントバンカーやプライベートエクイティやヘッジファンドマネージャー、コンサルタントを経て、現在はフィンテックのベンチャーの経営者兼大学教授です。

徳岡は自分の会社を経営しつつ、大学でも教鞭《きょうべん》を執り、著作もこなしています。著者2人がどのようにして今の働き方・生き方に行きついたのか、そこではどのような人脈やスキルが活きたのかについては、別途コラムでご紹介しましょう。

房の娘は、現在ニューヨークの大学で学んでいます。本人を含め学生は皆自然とポートフォリオ・ワーカーを目指しているということを耳にしました。就職するならGoogleがよいかもしれない、投資銀行も魅力的である、しかしどの会社に就職してもそこで何かを学びながら自分のスキルを身につけ、副業しながら収入を得てキャリアの多様性につなげていきたい、と学生たちは考えているのです。

学生のころからレジリエンスをしっかり身につけていこうとする考え方が、今の米国の20代の間では主流になっているようです。

2　学びの習慣

レジリエンスを身につけるためには「学びの習慣」も欠かせません。学びの習慣とは社会人になっても終身にわたって価値を生み出し続けられる存在であるべく知をアップデートしつづけていくことと捉えています。徳岡はライフシフト大学で「終身知創」の重要性を訴えています。本書のテーマになっている「リスキリング」も学びの1つといえるでしょう。リスキリングとは本来、今自分にはないスキルを身につけるという意味です。それが残念ながら、現在では「デジタル化に乗り遅れないためのスキルアップに向けた再教育」という意味に矮小《わいしょう》化されてしまっていますが、本当の目的はそこではないということは既に何度も述べた通りです。

社会人になっても繰り返し学び続けるという意味での「リカレント」も重要です。成長し続けるための学びは生涯にわたるべきものです。試験で高得点を取るための勉強ではなく、学びの過程で新たな経験を積み、新たな課題への挑戦意識が生まれるのが勉強の醍醐味です。最新の知を学び、自分をアップデートしていくために、「継続的に学び続ける習慣」こそ重要なのです。読書、ニュースの渉猟、講演やセミナーに気軽に参加するなど手軽なところからでいいので、ぜひ学びの習慣を身につけてください。

さらに、1つの専門性にとどまらず複数の専門性を身につけるとともに幅広い教養を備える「パイ(π)型ベース」へと発展させていくことが重要です。パイ(π)の文字の形のように、異なった2種類以上の専門知識や文理融合の知見を深めるということです。このような広汎な知をベースにすることで、目の前の事象を一面的にならずにどのように捉え、ど

図6:「新しいことを学ぶのは好きだ」の国際比較

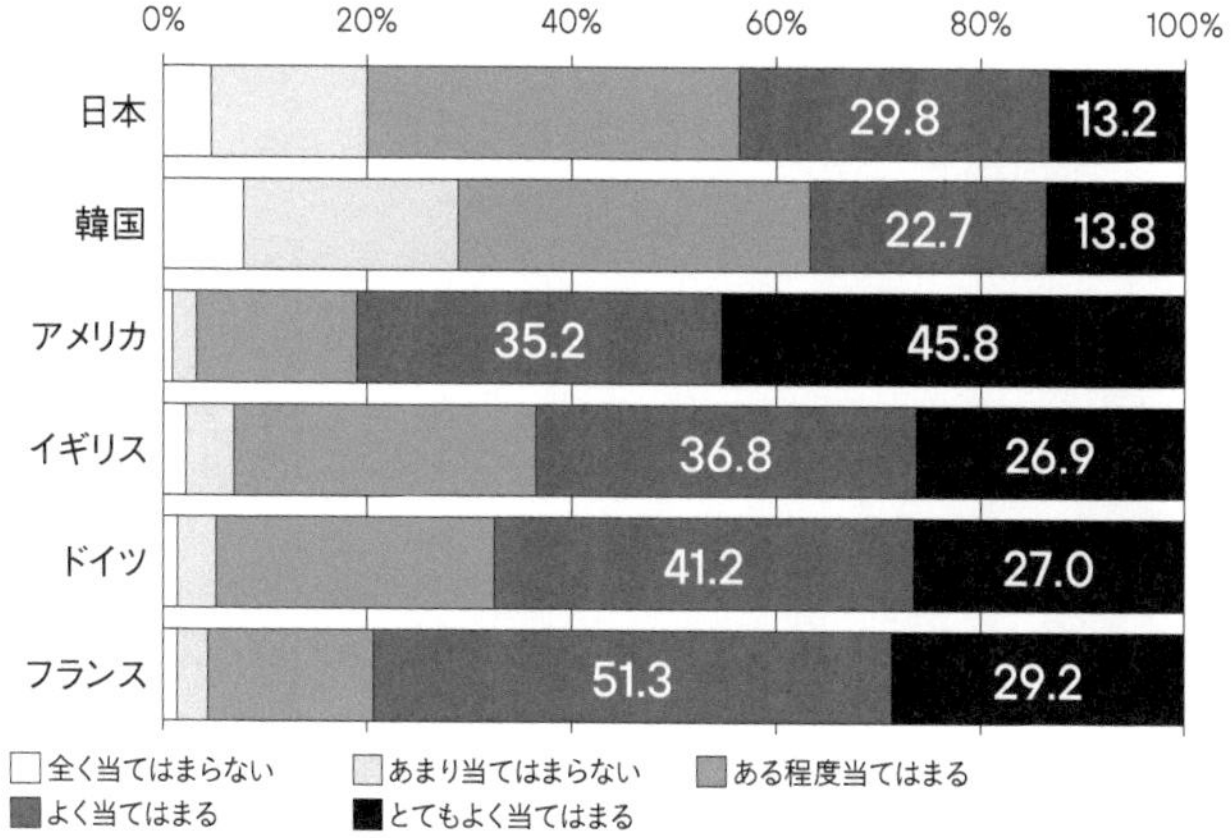

[出所]データえっせい「成人の知的好奇心の国際比較」2013年12月8日

のような次元で考え、どのように課題とその答えを導き出すのかを多面的に検討できる素地になるのです。

序章で指摘した通り、日本人は学び続けることに鈍感になっています。図6を見ると、日本人は米国や英国、欧州各国の人に比べて、新しいことを学ぶ意欲やエネルギー、知的好奇心が低いということがよくわかります。

現状維持に満足し、身の回りのことだけ見ている小粒な姿勢は残念なことです。学びにもっと真剣に取り組むべきでしょう。

著者2人は「戦略的な」学びの重要性について、強調してもしきれないと考えています。何のために学ぶのか、学びを通して何を得た

いのか、という目的が必要です。学びのための学びには意味がありません。

日本人はその場しのぎで目の前の問題を解決していく「戦術」が得意です。学びについても「リスキリング」といえばデジタル教育」という目先の戦術的な方向に注目が集まっているのもそのためです。何をリスキリングするのか、どのようなリカレント教育が必要なのか、どのようなパイ（π）型ベースを身につけるのかの前に、まず目的意識をもって「何のために」を明確化し、学びを戦略化してください。それでこそコンピューターやＡＩにはできない、ＤＸの時代に求められる真の学びのテーマが見つかるのです。

3 人脈

レジリエンスのためには、自分を取り巻く人脈（ネットワーク）も大切です。キャリアとは「出会い系」だと言われています。いろいろな人と出会うことで自分のキャリアが発展し、方向性が変わります。自分1人ではキャリアを築くことはできません。豊かな人脈があると、周りから助けられることも、ご縁でビジネスが広がることも、誰かと組むことも、チャンスをもらうこともできます。

また、ネットワーク内での評判を確立することでさらに人脈が広がることにもなります。

つまり、人脈を広げると様々な可能性が広がるということです。

人脈は「6次の隔たり」と言われています。6人の人を間に入れるとあらゆる人につながることができる、という考え方です。自分の知り合いが45人いるとして、それを6乗すると83億人になり、世界のあらゆる人につながることができる、という仮説です。

自分の人脈が広ければ広いほど、つながれる力が高まるのです。

ところでこの人脈という点でも日本人には悲しい現実があります。リクルートワークス研究所の調査では、調査対象のすべての国（日本、米国、フランス、デンマーク、中国）において交流のある人間関係として家族と勤務先の人間が突出しています。この点では日本人もその他の国もあまり変わりません。大きな違いは、日本以外の国では趣味やスポーツの仲間、地域やボランティアの仲間との交流も多いのに対して、日本人にはあまりそういった交流が見られないことです。

これは人生のウェルビーイングや幸福度にも大きくかかわることです。家族や勤務先の同僚とうまくいかなくなると、逃げ場がなくなります。新しい付き合いの可能性も広がりません。人脈を広げリスクを減らし、レジリエンスを高める努力をしましょう。

《コラム：著者2人のレジリエンス》

ここで、著者の徳岡と房がキャリアの中でどのようにリスキリングしてきたのか、それがどのようにレジリエンスの強化につながってきたのかについて実体験をご紹介します。レジリエンスを高める3本の柱「キャリアの多様性」「学びの習慣」「人脈」がその中でどのように力を発揮したのか、また3本の柱がその過程でどのように強化されていったのかに注目してお読みください。

徳岡の事例

社会人の最初からポートフォリオ・ワーカーでした。最初に勤めた日産ではMBA留学を目指し、終業後はTOEICの学校に通う日々。社費でオックスフォード大学に留学した後は研究開発部門の人事課で教育担当と同時に風土改革プロジェクト、海外開発拠点展開プロジェクトに参画。そして週末は一橋大学での野中郁次郎教授との知識創造理論研究にと、人事業務以外にもさまざまな取組みに20代で関与していました。それらがすべてその後の人生の基礎になったのです。

定年まで日産に勤めることに何の疑問を持たずに就職した徳岡でしたが、結果的には日産はいわば人生三毛作の一期目でした。19年間過ごした後、二毛作目は人事・コミュニケーションのコンサルタントに転身し、野中教授と共同で知識創造企業づくりを人事面から支援するという個人的ビジョンの下で多くの企業改革プロジェクトをこなしていきました。そこでも日産と同じ19年を過ごすことになるのですが、その間に出会い、学びを得た数多くのクライアントである優秀なリーダーのみなさんが貴重な人脈となり口コミでビジネスの後押しをしてくれました。

二毛作目の途中から、その人脈のおかげで多摩大学大学院の教授職を紹介され、ポートフォリオが広がっていきました。そこでも知識創造企業のための人事戦略、コミュニケーション戦略、企業文化戦略の講義を担当。教授陣と社会人院生たちと刺激し合う日々が今も続いています。

ポートフォリオはさらに広がり、研究科長時代には、多摩大学大学院の進取の精神が買われ、ルール形成や社会的インパクト投資の分野でもその道の専門家からお声がけをいただだき、多摩大学に研究所を2つ設立し、その所長や副所長を務めています。三毛作目は60歳からのライフシフト社の起業で始まり今に至っています。このように多様性を受け入れれば受け入れるほどポートフォリオの幅がどんどん広がっていくのを実感しています。

専門である人事、コミュニケーション、企業文化の領域はもとより、イノベーション、哲学、社会学から最近の地政学、ルール形成、経済安全保障、社会的投資など。そして今のマイテーマであるライフシフト、キャリア論、モチベーションなど学びの習慣をずっと続けています。

人脈についての信条は「断らない」です。何か役に立てないか、何か価値を生み出せないかと考えさせていただける絶好のチャンスであり、自分への宿題として捉えるようにしています。

ちなみにルール形成戦略研究所は大学時代に国際関係論を専攻していた経緯から地政学に興味があったことと、知識創造力での技術開発はうまいのにビジネスでは失敗する日本企業の残念さを悔しく思っていたことが重なり、ある人脈からお話をいただいた時点で、「やってみよう！」と大学院で設立しました。

そしてその結果驚くべきことに、イギリスでルール形成で奮闘していた共著者の房氏と、オックスフォードで一緒に学んだ30年以上の隔たりを超えてつながりが復活したのです。

人脈はひょんなところから転がり込んでくる。そのためには転がり込んでくるように自分自身をオープンにしておくことが大事であり「断らない」ことでレジリエンスを高めてきたと言えるでしょう。

房の事例

社会人としての最初の仕事は、ロンドンベースのマーチャントバンク（インベストメントバンク）でのM&Aのアドバイザー。すなわち、他人のお金を使い、アドバイスだけでビジネスをする職種です。90％以上がG7すなわち先進国主導のビジネスです。まさにレッドオーシャンビジネスで戦っていました。

2017年11月には自分のお金を資金提供し、サイバーセキュリティのプラットフォームの会社を共同設立。現在、共同代表取締役です。この会社のターゲットは発展途上国。会社のスタイルはスピード重視の少数精鋭、シリコンバレー型の戦略重視、テクノロジー重視です。イギリス政府の肝煎りでできたアストン大学のサイバーセキュリティイノベーションセンターの教授を2021年から、オックスフォード大学の小児学部の学部長の特別戦略アドバイザーも務めています。

キャリアの多様性から見ると、「エクスプローラー（探検者）」、「インディペンデント・プロデューサー（独立生産者）」と「ポートフォリオ・ワーカー（複業家）」の全てを実践してきたと言えます。

学びの習慣は、以下のように行ってきました。先進国のレッドオーシャン市場から発展途上国のブルーオーシャン市場へのビジネスの軸足の転換においては、まずCIAレポート、世銀、IMFレポートから始めました。発展途上国の政治経済の軸ができたところで、オックスフォード大学の専門家である教授をスタンフォード大学の教授の10分の1以下の報酬で雇い、短期間で、対象の国々で専門分野においてビジネスができるレベルのナレッジを蓄積することができました。

人脈について言えば、プライベートなライフスタイルをヨーロッパとシリコンバレーのミックス型にし、1年のうち1カ月から2カ月は家族とまとまった休暇をとるようにし、それ以外の10カ月から11カ月は24時間働ける環境を作り上げました。そして社交や接待などは他のメンバーに任せて、異業種、外国人、異性の経営者など、ダイバーシティを心掛けた人脈を重視して交流を広げています。

例えば、時間のかかるゴルフはやらず実際のスポーツの時間が40分で十分なスカッシュを好み、20代から今でも社交の手段として使っています。

人脈づくりの1つの柱はルール形成であり、多摩大学のルール形成戦略研究所の徳岡教授にアプローチし、日本の現状を把握。同時に、立石泰則氏の『フェリカの真実 電子マネーからデジタル通貨へ』(草思社)の主人公であり、日本を代表する世界的に知名度が高いエンジニアである日下部進氏の紹介で、62年前にEuropean Computer Manufacturers Associationとして設立されたITの国際規格化団体のEcma Internationalの経営に2021年から関わるとともに、前出のアストン大学のサイバーセキュリティイノベーションセンター教授にも就任しました。

国際的に一番進んでいる人と情報に接しながら、日本との差を見極めて効率よく埋めることが私のレジリエンスアップの作法です。

社会のレジリエンスを生み出すのは個人のレジリエンス

個人が人生100年時代の生き方を積極的に考え、レジリエンスを身につけていくと、それは社会全体のレジリエンスにつながります。

第1章では、デジタル化、持続可能性、安全保障、ルール形成、ヒューマニティといった世界の大きな潮流の中で日本は傍観者として立ち尽くしてしまっている、つまり、レジリエンスを発揮して世界をリードできているとは言えない、という残念な現状を考察しました。

しかし逆に考えると、ここで**個人がレジリエンスを発揮していくことができると、個人の総体としての社会全体のレジリエンスが高まり、日本が傍観者からリーダーになることができるチャンスでもあるのです。自分のレジリエンスが社会をよくしていける、**これは心強いことではないでしょうか。

個人のレジリエンスを高めるためには、自分オリジナルの武器を持つことです。

自分ならではの強みは何でしょうか。どこにプロ意識を持っているでしょうか。自分の

図7: レジリエンス力チェック

5 自信あり／100点満点
4 完ぺきとは言えないがかなり意識し努力している
3 努力はしているが…／50点くらいか
2 なかなか難しい／あまり当てはまらない
1 全くだめ／20点くらいのイメージ

1	自分の仕事への思い(仕事で成し遂げたいこと、身に着けたいスキル、自分の価値、将来の夢)が明確で、その思いを大事にして毎日を生きているか?	5 4 3 2 1
2	他者にはない自分らしい知恵を磨く努力をしているか?	5 4 3 2 1
3	自分を楽にしようとして行動範囲を限定しないように気をつけているか?	5 4 3 2 1
4	自分が失敗して損をしないために受け身になってしまい、チャンスを見逃すことがないようにしているか?	5 4 3 2 1
5	忙しさを理由に、本当はやらないといけないことを避けたり、先送りしないように努力しているか?	5 4 3 2 1
6	自分の経験を振り返ったり反省し、次に生かしているか?	5 4 3 2 1
7	多くの本を読んだり、映画などを観て、いろいろな人の生き方を学んでいるか?	5 4 3 2 1
8	自分の夢に対して、たとえ問題があっても、あきらめずにあの手この手で対処しているか?	5 4 3 2 1
9	その問題を一人で悩んだり抱えこまずに相談できる仲間がいるか?	5 4 3 2 1
10	人から学ぼうと、いろいろな人から積極的にアイデアを求めているか?	5 4 3 2 1

頭で考えて行動しているでしょうか。他人や他社との差別化はできていますか、また差別化の必要性をそもそも感じていますか。ことに日本は同調圧力の高い社会だと言われていますが、その中にあって自分なりに考えて自分なりの解や見立てに沿って行動できているでしょうか。

ここで、先ほど議論した「キャリアの多様性」「学びの習慣」「人脈」を加味して作成したライフシフト社の「レジリエンス力チェック」（図7）の表を用いて、ご自分のレジリエンス力を調べてください。

10項目を5段階で評価します。徳岡は企業の人材研修の講師を頻繁に務めていますが、大企業の管理職クラスにこのチェックをやっていただくと、平均点はおおむね3〜3・5点程度でした。もっと高い点数を目指すべきです。読者の皆さんはいかがでしょうか。

日本の強みを活かしきれなかった失敗事例

崩れてきているとはいえ、日本企業には、組織的な知識創造や、あうんの呼吸で理解をしあうハイコンテクストの知といった強みがありました。私たちはそれを持って世界で戦い、イノベーションを生み出し、世界に貢献してきました。

しかし、その裏側では失敗が多かったのも事実です。レジリエンスの強化に当たっては、そのことも認識しておく必要があります。

数多くの残念な失敗にある日本の問題の1つは、強みがあるにもかかわらず、それを発揮しきれずに「中途半端」に終わってしまうことだと著者らは考えています。ビジネスをやっていく上では徹底的に、圧倒的なナンバーワンにならなければ大きな収益を上げることはできません。

組織内の論理やしがらみに邪魔されたり、先を見通す目がなかったりしたために、せっかくのイノベーションを活かしきれずナンバーワンになる機会を逃してしまった例をいくつか見ていきましょう。

ここからも学べることがあるのではないでしょうか。そしてやるべきリスキリングの糸口が見出せます。

1 FeliCa

Suica などの交通系ＩＣカードには、ソニーが開発した非接触ＩＣカード技術である FeliCa が搭載されています。

処理スピードが速く正確で、セキュリティも高く、双方向通信が可能です。FeliCa のような技術はＮＦＣ（近距離無線通信）と呼ばれるもので、デバイス同士を接触させなくてもかざすだけで双方向の通信が可能です。現在ＮＦＣ技術は交通系ＩＣカード、クレジットカード、スマホなどに搭載され、日常生活で当たり前に使う技術の１つになっています。

さて、FeliCa は開発当時、その技術の先進性を考えると、決済カードの国際規格として十分にグローバルに広がる可能性があるものでした。ところが、現在クレジットカードの規格で主流になっているのは FeliCa のタイプＣではなく、Visa や MasterCard が採用しているヨーロッパ生まれのタイプＡやタイプＢと呼ばれるものです。

FeliCa は技術としては優れていたものの、ビジネスとして確立していく段階で日本国内での足の引っ張り合い・内輪もめが生じ、その結果国際規格にはなれませんでした。仮にこの FeliCa の技術が国際規格になり、仮に先見性を持って FeliCa の技術で未来を見越したビジネスとして確立していれば、FeliCaの技術を搭載したSuicaや「おサイフケータイ」がPayPal、ApplePayやVisaやMasterCardに先立って世界標準として確立され、市場を席《せっ》捲《けん》していた可能性があるわけです。

　このFeliCaの凄《すご》さを「再発見」して搭載したのがiPhoneを作っているAppleやAndroidを売っているGoogleであるというのは皮肉な話です。

2 リチウムイオン電池

　吉野彰氏がリチウムイオン電池実用化の目途をつけたのは１９８５年です。高性能二次電池を開発した吉野さんは、オックスフォード大学でも高く評価されていました。２０１９年にリチウムイオン電池の開発に対してノーベル賞が贈られましたが、これも高い評価を裏付ける証左であると言えます。にもかかわらず、日本の中でリチウムイオン電池の重要性はそれほどしっかりと認識されませんでした。

　結局、リチウムイオン電池の力を最大限に引き出してＥＶのマーケットシェアを確立したのはテスラです。将来、自動車はガソリン車からＥＶになる、という将来像を描けていたテスラがこの技術の恩恵を最大限に引き出し、時価総額でそれまでトップの自動車メーカー3社の合計をも抜いてしまいました。

逆に、目の前のモノづくりというお家芸に注目していた日本企業はせっかく日本人が開発した技術を活かしきれなかったのです。

3 アニメや和食などの日本文化

アニメや和食などは日本のソフトパワーとして確立されています。ところがこの分野についても日本が中途半端な取り組みに終始している間に他の国に追いつかれ、追い越されようとしています。例えば、アニメでは韓国や中国が国を挙げて力を入れています。和食にしても、日本以外の国にある日本食レストランの98％は日本人以外のオーナーや調理人の手によるものだと料亭「菊乃井」の村田吉弘氏は指摘しています。このような日本のソフトパワーを国として全力で後押ししていけば、圧倒的な地位を手にできるはずだったと思わざるを得ません。

4 青色発光ダイオードとiPS細胞

青色発光ダイオードもiPS細胞も、日本の組織や国として天才をうまく使いきれなかった、また、特許を取得した発明をビジネスとして伸ばしていけなかった例です。

青色発光ダイオードに関しては、発明者である中村修二氏が勤務していた日亜化学はこの発明から巨額の利益を得ました。それにもかかわらず、その発明者の中村氏を守りたてて、その才能を利用して、もっと大きなビジネスにつなげることができなかったのです。

米国や中国の強みとして、天才の持てる力をさらに引き出せるように育て、天才が考え出した発明やビジネスのまわりに人が集まってみんなで盛り上げて儲《もう》けて行こうとする機運を醸成する姿勢が挙げられます。日本では逆に結果平等の考えが広まりすぎていて、天才を天才として特別扱いせず、ひいきしないことが良しとされています。その結果、せっかくの天才・中村氏も日亜化学では不遇をかこつことになりました。

iPS細胞も同じです。京都大学の山中伸弥氏らが世界で初めてiPS細胞の作製に成功したのは2006年です。2012年にノーベル賞を受賞したことから、誰の目から見ても大きな可能性を秘めた画期的な発明であることは納得できるはずです。本来なら、特許の切れる2026年までに日本は国として特許を保有している京都大学に十分な予算を手当てし、そこからビジネスを生み出し、雇用や経済に波及させていくべきでしょう。

ところがここでも中途半端のままです。偉大な発明であるにもかかわらず、その後の研究の発展については京都大学まかせになっており特別な予算もついていません。山中氏自身が研究資金集めに奔走するような状況です。２０２６年に特許が失効するまでに、iPS細胞を使った世界ナンバーワンのビジネスを確立できるのかどうか心もとない状況であると言わざるを得ません。

5　ＱＲコード

従来からあったバーコードは一次元で、入力し読み取れる情報に限界があるものでした。これに替わるものとして、より多くの情報を読み取れるように二次元化したものがＱＲコードです。ＱＲコードは製造業や物流業の製品管理の目的で開発されて使われていましたが、今ではスマホ決済など、当初の意図を超えた使われ方も広まっています。

このＱＲコードの特許は無料で開放されています。開発したデンソーの本業はバーコードリーダーであったため、ＱＲコードで儲けるよりはＱＲコードを広く社会に普及させたいと考えました。そのために特許料を取らないことにしたのです。それも１つの考え方ではあり、実際にＱＲコードは無料であったために他の二次元コードの候補の台頭を許さず二次元コードのスタンダードとして確立することになりました。

ただし、特許戦略が中途半端であったことは否めません。QRコードの利用1回につきたとえ0・1円でも特許料を得ていれば、デンソーは巨額の利益を上げられたはずであり、ひいては、税金として日本経済に貢献することができたのではないでしょうか。

ここで挙げたすべての事例に共通しているのは、日本発の技術や強みをビジネスにしっかりと結び付け、利益を確保していこうというビジョンや、未来を見越した国際感覚を持ち合わせたリーダーが欠如していたことです。中途半端ということです。

NTTドコモが出していたiモードのアイデアを徹底的に掘り下げていたらどうなっていたでしょうか。おそらく今のスマホのアイデアに行きつくはずです。

ところが周知のとおり、iモードのアイデアに着目し、それを研究してとことんまで突き詰め、スマートフォンという形で世の中に出してビジネスとして成功させたのはアップルのスティーブ・ジョブズ氏です。NTTドコモのiモードは日本国内で成功していましたが、国内市場での成功に中途半端に満足し、そこで止まってしまったのは残念なことです。

日本の悪い癖に気づく、癖から抜け出す

日本の中途半端さを突き詰めると、過去からの悪い癖が見えてきます。この弱点をしっかり認識して、そこから抜け出していくためのリスキリングの方向を考えてみましょう。

まずは単年度主義です。中長期的な目線がなく、小手先の戦術ばかりに終始してしまうことになります。その小手先の戦術にしても場当たり的な資源の逐次投入、いわば小出しですから、まるで戦時中の日本軍の負けパターンをそのままなぞっているかのようです。既存の製品の市場シェアを高めようとマーケティングキャンペーンを練るのは戦術です。

しかし先ほどの例でみたように、戦略とは今から5年後や10年後、20年後を見越して本当にその製品やサービスの市場がまだ存在しているのか、存在しているとしたらどのような市場になっているのかを描いて、そこに至る道を描き出すことです。

偏った成果主義も日本の中途半端さの要因です。多くの企業にとって「成果」というと短期的な数値業績のことを意味し、真のイノベーションを生み出していくという意味での成果には目が向けられていません。

よって、働き手には何のためにやっているのか、やらされているのか、納得感が生まれません。そうなると、やっていることに思いが込められず、コミットメントや忍耐、やり抜く力が出てこなくなります。

ジェネラリスト志向も同様です。なんでもできる「総合職」のままでいては、専門能力を磨いたり、プロ意識を持ったりすることはできません。つぶしはきくかもしれませんが、単なる調整屋や手配師で終わってしまいます。今後デジタル化が進むと中間管理職の存在意義が薄れ、最終的には組織がフラット化されて中間管理職のジェネラリストは不要になるでしょう。

コロナ禍でリモートワークが進んだことで、この傾向は既に現れています。徳岡が人事研修をしている会社では、リモートワークになって「仕事として何をすればいいのか分からない」と一番困っていたのはまさに実務がなく口だけで仕事をしていた部長職の方々です。誰からも何をすべきか指示されないと何をしていいのか分からないジェネラリストの調整屋は不要になりつつあるのです。

そして思考停止を助長しているのが同調圧力です。横並びが良しとされ、出る杭《くい》は打たれます。先ほどの例でも見た通り、突出した天才が現れてもその才能を伸ばそうとするのではなく、叩《たた》いてしまうことになるのがこの同調圧力という現象です。結局、論理や合理性、データや事実といったものが軽視されることになります。周りを見回して相対的にまあまあできていればよい、この程度やっていれば怒られないだろう、という働き方になってしまうのです。

また、一橋大学名誉教授の野中郁次郎先生が警鐘を鳴らしている「オーバーアナリシス」「オーバープランニング」「オーバーコンプライアンス」という3つの過剰がはびこっていることも指摘しておきたいと思います。これは「考えてばかりで、何もせずに、怒られないように終始する」とも言い換えることができるでしょう。失敗したくない、怒られたくない、という気持ちが強すぎるあまり、責任を取らない、スピードが遅い、実行しない、反省したり失敗から学んだりしない、という悪循環になるわけです。

経営の継続的な改善手法としてPDCAサイクルの概念がよく使われます。Plan（計画）、Do（実行）、Check（評価・測定）、Act（改善・対応）というものです。これに対して社会学者の佐藤郁哉氏は、日本企業はPdCaだと指摘します。PlanとCheckが大文字で、doとactが小文字。つまり、計画や評価・測定ばかりやっていて、実行や改善がないということです。これがオーバーアナリシス、オーバープランニング、オーバーコンプライアンスという3つの過剰の悲しい帰結だと言えるでしょう。

いかにしてこうした閉塞《へいそく》感を私たちは打ち破ることができるのでしょうか。

レジリエンスを高めるためのリスキリング

日本企業には独特の強みがあったことも事実です。

たとえば、組織的知識創造は、まさに日本がモノ作りに強かった時代に形成されてきた強みでした。仕事の理想や顧客満足への思いや、それを達成するための信念、理念に裏づけられた精神性といったものを重視し、一緒に働くメンバー相互の信頼を築いた上で暗黙知を交換しあい、自分たちが追求したいビジョンにまとめ上げていく。メンバー間の大きな思いやビジョンをベースにイノベーションを起こし、価値を創造していく力です。

これは、短期的な損得勘定や自己利益追求のための数値目標を設定し、そこにいたる過程を経済合理性を優先して計画していくような、昨今日本でも主流になってしまった機械的な経営手法とは対極をなすものです。

日本を代表する製造業はまさにこの組織的知識創造をベースに躍進を遂げました。

例えば、ホンダが初めて米国市場への進出を検討した際には、大手コンサルティング会社からは合理的に分析した結果、成功しないからやめるべきだ、というアドバイスを受けたといわれています。理論的に考えると成功しそうにないにもかかわらず、創業者の本田宗一郎氏の「米国に進出したい」という熱い思いや夢で押し切り、結果、成功を収めることになりました。思いを込めた経営の典型です。思いでビジョンを設定し、数字でいい方法を考えるのであって、数字の計算でできそうなことしかやらないのとは反対の経営スタイルが日本の真骨頂でありました。

そしてこのような組織的知識創造の力を引き出したのが当時のミドル層の力です。現場を熟知する部長や課長といったミドル層が経営陣のビジョンにコミットし、自分なりのビジョンを確立し、そこに向かって小さな枠にはまらず部門を超えて有機的に連携し、かつリスクを取って積極的にイノベーションに挑戦していきました。

このような仕事のやり方を「ビジョン型」と呼びたいと思います。昨今注目されている仕事の定義を明確にした「ジョブ型」に対して職務を限定しない「メンバーシップ型」がありますが、「ビジョン型」はこれらとは異なります。

ジョブ型ではへたをするとジョブディスクリプションを作成し却《かえ》って仕事の枠を狭く規定しがちです。またメンバーシップ型では、サラリーマンとして会社にぶら下がって言われたことをやるだけだったり、責任が不明確になっているかもしれません。

これに対して、「ビジョン型」というのは、ジョブディスクリプションが明確にない中でも、ビジョンの達成に向けて自分がやるべきことを明確に把握し、そこに向けて仕事を作り出していくような仕事への積極的な姿勢です。やるべきことを明確にするジョブ型の利点と、決まっていないことでも積極的にカバーして理想を追求するメンバーシップ型の利点を兼ね備えています。

「ビジョン型」の背後には自分の仕事にプライドを持ってやり遂げる職人魂のような知の探究への精神性が重要です。「真・善・美」を追求し、目標に到達するまで極める、やり抜くということです。本当によい製品を作りたい、作らないと気が済まない、世界を驚かせるようなイノベーションで共通善を達成したいという職人芸や職人道ともいえるような精神性が日本のモノ作りの伝統の根幹には存在していています。中途半端で終わることはありません。

残念なことに、今の働き方改革やワークライフバランスの重視で、このような精神性には意図的にブレーキがかかっています。思いを込めて何かを極めることよりも、客観的に定義され認知された目標を期限内に達成することが重視され、仕事のベースにある思いを育《はぐく》んだり、実験したり、挑戦したりする環境が失われつつあります。個々人がどんどんバラバラになり、身の回りにしか関心を持てないタコつぼに入るようになると組織的知識創造の底力も脆弱《ぜいじゃく》化してしまいます。

意味のない働きすぎを是正し、暗黙知を蓄える時間と機会を増やすことが求められます。こうした日本の企業文化に本来備わっていた強みにもう一度目を向けることがレジリエンス向上には必要なのです。そのためのリスキリングこそ大切です。

今日の日本人は、成功体験のない自信喪失と、過去の成功体験による自信過剰が併存しているのかもしれません。そこから抜け出すのは簡単なことではありません。しかし、このままでは国も企業も個人もレジリエンス不足に陥ってしまいます。大きな変化に太刀打ちできず沈没です。

すでにその結果が、国際競争力の低下になって表れはじめています。他の国が成長している中で日本は停滞し続けており、世界の中での日本の存在感の低下が顕著です。世界の

GDPに占める日本の割合は1995年には17・6％まで高まりましたが、2020年には5・3％、2040年には3・8％、2060年には3・2％まで低下すると予測されています。

せっかくの強みがあるのにそれを活かしきれていないということを再認識しましょう。その上で、世界の中での自分の立ち位置を知ること、学ぶことで、初めてリスキリングの必要性が実感として納得できるはずです。

既に何度も述べていますが、リスキリングの目的は未来を見通して、デジタルを活用していく力を身につけることです。日本の底力である組織的知識創造の強みを再構築していくためにも、弱みを認識した上でそれをリスキリングで克服してレジリエンスを高めることです。

レジリエンスを備えた個人として、価値を創出し、充実した人生を築き、それによって社会の活力を高めていくことです。

デジタル化はあくまでもツールであって、リスキリングの目的ではありません。AIと勝負することがリスキリングではありません。

デジタル社会を大前提として、それをうまく使いこなしてイノベーション力を高めてい

くことが必須なのです。「リスキリング」という言葉が広く使われるようになり、独り歩きしがちになっていますが、重要なのはやはり「何のためのリスキリングか」「何を達成したいのか」ということを常に意識しておくことなのです。

次章からはいよいよ「4つのS」、Scenario（シナリオ）、Speed（スピード）、Science（サイエンス）、Security（セキュリティ）の解説に入ります。

シナリオとは、時代認識を高める歴史・社会・哲学の知見を身につけ、未来のビジョンを描いた上でそこからバックキャスティングしてシミュレーションと試行錯誤を繰り返して夢に近づく能力のことです。知識創造論の世界では「実践知プロセス」と言い、夢を追い続ける手法です。バックキャストとは言っても、中期計画をブレークダウンしてぎちぎちに詰めていく分析的思考とは違うことは強調しておきたいと思います。

スピードは、この混沌《こんとん》とした時代にもたもたせずに前に進むこと。そのためにはビジョンや価値観を明確にし、リーダーシップを発揮してコミュニケーションを通じて意識変革をスムーズに促していくことがカギになります。皆の思いを速やかに共有し、ダイナミックなイノベーションすなわち知の創造に結び付けることができます。

サイエンスは、データや科学をベースに、しがらみにとらわれずに合理的な判断や意思決定を行い旧弊や迷信、固陋《ころう》や権威勾配《こうばい》を打破することにつながります。論理的思考や行動経済学の基礎として欠かせないものです。また逆説的ですが、日本の特徴でもあり、偏りなく共通善を目指そうとする原動力でもあったハイコンテクスト性に基づく暗黙知文化をうまく海外の人たちに説明する力になるとも考えます。未来を思い描いて知を創造する際の共通言語を提供してくれるのです。

セキュリティは、サプライチェーンリスク、知財リスク、地政学・経済安保リスク、サイバー攻撃リスク、人権・個人情報リスクなどの自分を取り巻く脅威をしっかりと認識し、ルール形成や戦略的経済安全保障の力を身につけて国際政治経済の荒波に打ち勝っていこうという観点です。シナリオの実現に不可欠なしたたかさを身につけます。知識創造の機動力を強化するわけです。

この「4つのS」を軸に戦略的にリスキリングを組み立てていけば、単にデジタルスキルを身につける底上げのためのリスキリングではなく、レジリエンスを高め、デジタルを活かし、イノベーションを創出していく力を身につけることができるでしょう。人生100年時代の新たな戦略的ポータブルスキルとも言えます。

手当たり次第のリスキリングでは非効率です。軸をしっかりと定め、「4つのS」を通じて日本の強みである組織的知識創造モデルを復活させようではありませんか。

そうすることで、個人のレジリエンスを高め、日本の未来に向けて貢献できるようになるのです。

第3章

「シナリオ」を身につける

～不透明な未来を見通す力～

未来予測から逆算して現在を考える

リスキリングの軸になる「4つのS」の1つ目の「シナリオ」をみていきましょう。

「明日の株価は分からないが、30年後に起きることはある程度正確に推測できる」とはよく言われることです。短期的な株価の変動には様々な要因が複雑に絡み合いますが、超長期的な未来に向けたトレンドはある程度予測できるということです。

30年後には何が起きているでしょうか。

現金はまず存在していないでしょう。決済手段は全てデジタル化されているはずです。したがって、現金輸送車やATMは姿を消しているでしょう。また選挙ではスマホ投票が当たり前になるでしょう。衆議院議員選挙を実施すると、投票所の設置や開票作業、投票用紙の郵送などに600億円以上のコストがかかるといわれています。議員1人あたりの選出に1億2900万円もかかっていることになります。スマホ投票に移行したらこの巨額の経費を削減でき、効率性を高められるというのは誰でも容易に想像できることです。

このように30年後といった未来に起きていることを思い描き、そこからバックキャストして現在を眺めるのがシナリオ思考・シナリオプランニングです。

シナリオがあると今からそこに至るまでのやるべきことが見えてきます。目の前の問題ばかりに目を向けていると、人間は所詮《しょせん》、変化を嫌うので、ついついやらない理由ややれない理由ばかりで議論が終始してしまいがちです。しかし、「起こるべきことは決まっている」と考えると、どうやってそこに至るべきかの道筋を描きだすことができるようになるでしょう。また社会思想家のジャック・アタリが言うように「起こるべき必然なことは、人々が考える以上の速さで起きてしまう」のであり、ぐずぐずしている間に他の誰かが起こすのです。

例えば、スマホ投票では本人確認の課題や不正のリスクがある、マイナンバーカードと保険証の一体化ではマイナンバーカードを作っていない人の利便性が問題になる、などと言われています。しかし目の前にあるこのような問題を、その先のゴールに至る過程で克服すべき課題であると捉え直すと、ソリューションは必ず生まれるものです。そう考えて事を始める人が世界のどこかにいるのです。最終的なゴールに至る過程での問題を解決し、ギャップを埋められる技術やサービス、プラットフォームがブルーオーシャンビジネスになっていくのです。

シナリオプランニングの手法で有名なのは石油メジャーのロイヤル・ダッチ・シェルです。

同社は1970年代から各分野の専門家を集めて、科学的予測・政治経済的な予測に基づいて何十年か先までに起こることについて定期的に予測を立ててきました。石油ショックや天然ガスの台頭など、シェルのシナリオで予測されたことがかなり正確に起きてきたと言われています。例えば1980年代の日本の世界での成功と21世紀の中国の成功は、1983年時点で、シェルはすでにアジアの時代として予想していました。このようなシナリオプランニングは現在、大手のヘッジファンドの多くにも取り入れられるようになっています。

未来のあるべき姿や理念を明確にすることで、現実の制約から自由になれると共に、価値観を鮮明にすることで影響力を行使していくことができます。VUCAの時代は不確実性に満ちた時代ですが、それでも、将来起こり得る仮説を立てていくことは可能でしょう。

立てたシナリオは自分にとって不都合な未来かもしれません。その未来には自分の今の仕

事が存在していないかもしれません。しかしそこからのバックキャスティングで今を考えることで、長期戦に勝っていく戦略的な思考を確立することができます。次々に起きる出来事に後手で対応したり、局地戦を戦術で凌《しの》いだりしようとするのではなく、高い視座(vantage point)で大局的にものを捉えられるようになるでしょう。

最近では、SF作家を招いて自社の未来についてのSFストーリーを作るといった動きも出ています。未来の社会を描き出し、その中での市場や自社の位置付けを想像していく作業です。日本人は目の前のことにコツコツと忍耐強く取り組んでいく漸進的(incremental)な手法を好みがちですが、現在に目を奪われすぎず、視界を先に飛ばすという練習が必要です。実際に、GAFAなどシリコンバレーのテクノロジー大手企業の経営者にはSFファンが多いといわれています。目の前のアイデアに行き詰まった時に、SFというレンズを通してビジネスを見ると、新たな着想を得る手がかりになりそうです。

まさにこの点を突き詰めているのが、イーロン・マスク氏(テスラ社CEO)です。将来的に地球環境が悪化するというシナリオを描き、その解決策として人類の火星移住を計画しています。SFの世界の話のようで現実離れしているとも感じられることですが、マスク氏は本気で取り組んでいます。そしてこの壮大なビジョンの実現に向けてスペースXで宇宙船の開発を進めており、着実に成果を上げています。未来に起きるシナリオを描き、そこから今なすべき行動を導き出すという意味では、シナリオ思考においてこれ以上ないような例だと言えるでしょう。

自分なりの未来仮説を持つ

さて、どのようにしたらシナリオ思考が身につくのでしょうか。何を学んでいけばよいのでしょうか。具体的な手法をいくつかご提案しましょう。まずは、自分なりに未来の仮説を持つことです。次のような作業を試してください。

1 未来へのアンテナを3本立てる

何を軸に未来を見通すのかについて、**自分のアンテナを3本決めてください**。高齢化というアンテナでもいいですし、デジタル化やＤＸというアンテナでも構いません。自分が一番興味のある軸を立てて、その周りに関連する情報を集めていくという作業になります。

自分の中に軸がなければ情報の洪水におぼれてしまいます。決まったアンテナを立てておけば毎日のニュースや出来事の中からそのアンテナに触れるものが気になってくることでしょう。アンテナは多ければ多いほどよいわけではありません。自分なりの情報整理のためのアンテナですから、3本がよいでしょう。

ちなみに徳岡が立てているアンテナは、「世界に先駆けて人生100年時代を迎えた日本の人口減少・高齢化」「デジタル化と社会の分断・融合」、そして自分の子供たちの世代のことも考えると最も切実な（つまり今まであまりにも無関心だった）「国防・経済安全保障」の3本です。特に国防については、中国を見るまでもなく、教育現場の役割がとても大きいと感じています。

房が立てているアンテナは、「環境破壊の防止（特に海の環境破壊）」「男女平等を前提とした民主主義と市場主義の融合」「安全保障」です。この安全保障については、大きな地震が今後30年で起こる確率が高いことから2003年に地震のないイギリスに居住地を移しました。このような高次元のレベルのアンテナではなく、もうすこし具体的なアンテナでもよいでしょう。ビジネスや自分のキャリアに還元できるようなアンテナであることが重要です。

読者のみなさんも、自身の関わる専門領域、これから仕事で取り組もうとされている分野や、家族や生活面で関わる分野にアンテナを立て、未来を推定していくことは、大きな意義をもたらすのではないでしょうか。

2 未来の年表を作ってみる

自分の人生において、いつ何が起きるのかを具体的に考えてみましょう。2030年や2050年に起きていることを予測した本が数多く出版されています。そのような本を参考に、そこで描きだされている未来の社会の中で、果たして自分は何をしているでしょうか？　自分には何が起きているでしょうか？　社会で起きることについては本から手がかりを得ることはできても、それを自分に落とし込んで自分の未来年表を作れるのは自分だけです。**「私」を主語にした未来の年表を作ってみてください。**

《コラム：著者2人の未来年表》

徳岡の未来年表

2030年：少子化が進行し、若年労働者が枯渇。70歳定年や定年廃止が広がる。高齢化した労務構成でもイノベーションを起こし、国際競争に勝つために人生三毛作人事制度を採用する企業と外国人経営者に頼る企業が増加。またそのような組織で高齢になっても活躍するための体力だけでなく知力までを養うインテレクチャルRIZAPが登場。ライフシフト社もその流れを受けてミドル・シニアの二毛作、三毛作目への点火のためのライフシフト大学院を設立しているだろう。

2050年：自動車の革命として自動運転は当たり前になり、燃料電池車、ロボタクシー、空飛ぶクルマ、着せ替え自由なデザイン、移動エンタメ空間化などの自動車本来の究極の自由の実現。そして完全リサイクル、希少鉱物不使用、製造工程の完全自動化など、外部不経済の塊だった自動車が完全に汚名返上。

93歳である私はすでに隠居の身になっているが、メタバース上で長年の夢である3カ月ずつの世界各地での生活ローテーションを楽しみ世界の絶景スポットをドライブしているのかもしれない。それでも様々な技術進歩で免許返上は免れ、リアルの世界でドライブを楽しめたらとワクワクしている。

房の未来年表

2030年：量子コンピューターを使ったマイナンバーハッキングが起こり、カード会社など決済業社や国が暗号方式の変換をしなければならないことに気づき、社会は混乱する。自分が経営しているIT会社が、この問題を見越した解決案の基本特許を取得しているため、この会社の将来の成功が徐々に認知される。
2050年：南海トラフ地震が起こった場合に備えて、時差の少ないニュージーランドやオーストラリアに不動産を購入し、永住権をとる人々、若者が増える。一次産業と二次産業での外国人労働者・経営者が増える。例えば、高齢化した野菜・果物農園の後継者や労働者として外国人が増える。

アフリカが、いくつかの経済ブロックに集約され、民主化と市場主義の融合が進み、巨大な土地・天然資源と人口ボーナスをバネにほとんどの国が中産国になることに成功。

91歳になる私は、オックスフォード大学に2022年に開設された発生生理学及び再生医学研究所が開発に成功した、脳・心臓・免疫機能の再生医療の治療を受け100歳まで健康寿命が延びた医学の進歩に感謝している。

3 シナリオプランニングで仮説力を養う

シナリオ思考を深めるためには「シナリオプランニング」というプログラムもあります。不確実な未来を敢《あ》えて分類して浮かび上がらせ、どういう未来を選択していくのかを考える手法です。これも先ほど紹介したロイヤル・ダッチ・シェルが源流です。

具体的には、以下の通りになります。

①起こり得そうな不確実な要素を多数挙げます。例えば、温暖化対策への取り組みが進

むのか・進まないのか。人類が宇宙へ脱出する技術が開発されるのか・されないのか。化石燃料以外でエネルギーを賄える時代が来るのか・来ないのか……などです。

②いくつかの軸を取り上げてマトリックスを試しに組みます。例えば、温暖化対策と地球脱出を組み合わせると、温暖化対策も地球脱出技術も両方進む・両方進まない・片方だけ進むという4象限ができます。どの軸を選定するかはインパクトの大きさを考慮して選びます。

③それぞれの象限でどのようなことが起きてくるかを予想します。例えば、温暖化対策が進まず、地球脱出技術も開発されない場合、人類はこのままのエネルギー消費をしていくとどうなるのか？　といったことです。

④各未来の象限にネーミングします。例えば、③の場合、「地球滅亡への道」などですね。

⑤どの未来が可能性が高いのか、どちらへ行きたいのかを議論します。

という具合に検討していくと、未来はわからないながらも可視化できていきます。また、自分たちの知識がいかに貧困かあるいは曖昧かもわかります。③のステップで、起こりうる未来の象限に自信を持って、こういうことが起きている、こういう予想が発表されている、こういう研究がなされている……などと言いきれない自分に気づくのです。

未来のシナリオを考えるにはやはり普段の学びが欠かせません。世界をリードしていく気概や責任感を持つならば、リスキリングではこういうところこそ磨くべきではないでしょうか。

4 STEEPのフレームワークを使う

未来を考えるためには「全体知」が重要です。自分のホームグラウンドだけ見ているとついつい、このままでも大丈夫だろうという楽観論、コンフォートゾーンでの安住の誘惑にかられます。しかしそれでは真剣にシナリオには向き合えません。そこで有効なのがSTEEP分析です（図8）。これはSociety（社会がどう変わっていくか）、Technology（技術革新がどう進むか）、Economy（経済がどう変わっていくか）、Environment（環境問題がどう変わっていくか）、Politics（政治、国際情勢などがどう変わっていくか）という観点で情報を整理していくフレームワークです。

それぞれの現在の課題と今後の変化、自社や自分にとっての機会やリスクを検討します。メディアや有識者の情報から自分の3本のアンテナに引っかかったものをピックアップして、STEEPフレームに書き込んでストック化しておくことで、自分ならではの未来を見る視座ができてきます。

5　論説記事を読む

新聞（電子版も含む）を読むことをおすすめします。これは情報やニュースを収集するためではなく、クリティーク（批評）の力を磨きシナリオ思考を強化するための演習です。徳岡が教授を務める多摩大学大学院の講義でも同じような作業を課題にしています。

通常は新聞や電子版のニュースは情報を得るために読みます。しかし、メディアに書かれていることと同時に、書かれていないことも読み取るのです。コロナ禍で大騒ぎをしている際に、死亡数や感染者数が発表されますが、それは毎年のインフルエンザとどう違うのか、スペイン風邪の際にはどれくらい続いたのかなど、「今・ここ」の視点から少しずらして、状況を俯瞰《ふかん》してみることで、先を考える癖ができます。

例えば、ロシアによるウクライナの侵攻に関しては、ロシアや他の親ロシア派の国々の人たちがこの侵攻をどのように見ているのかという報道はあまり出てきていません。戦闘における戦術上の失敗について、欧米や日本の専門家からの分析は目にしますが、ロシア国内や民主主義陣営ではない国の視点から分析したものはあまり報道されていないようで

図8: STEEP分析

	自分が考える社会や世界のこれからの大問題は?（以下は例なので自分の言葉で入れてみましょう）	自社や自分にどういうインパクトを与えそうか?
Society （After/Withコロナでの社会問題、価値観の変化）	ニューノーマル（リモート、バーチャル、非接触、多様化……） パンデミックへの自国重視の対応とグローバル社会の維持 自由と監視のバランス 人生100年へのジェロントロジー	
Technology （人工知能革命、DX）	AIの制御、デジタル独裁はどこまで行くのか? 人間の役割、価値、働く場所はどう変わるのか? AI時代に人間に必須になる力とは? 人間力のあるエンジニアの育成が必要では?	
Economy （新しい資本主義は根づくか?）	マネー資本主義からステークホルダー資本主義へ ESG、社会的投資、SDGs、外部不経済の内部化 人的資本、無形資産、非財務価値 ヒューマニティ、精神性の復権	
Environment （CO_2問題、エネルギー、海洋汚染など）	グリーンリカバリー、再生可能エネルギー、脱炭素、脱プラスチック 大量生産・大量廃棄の経済・ライフスタイルからの脱却 子々孫々への影響は? 新しい価値観とは? 政治力を高める民の力	
Politics （国内、国際、地政学）	パワーゲーム、Economic statecraft、地政学、自国中心主義、ポピュリズム グローバル協調のルール再構築 国力の維持（外交、軍備、経済、イノベーション） 高齢化先進国の創造	

す。こう考えるとそういう情報を追いかけたくなりますね。視界が広がります。なぜ一定の情報が書かれていないのか、書かれていない内容はどのようなものなのか、といったことを想像しながら読む習慣を身につけてください。

また、頭を整理するためには、ニュース記事以上に、論説記事が有効です。日経新聞であれば、ほぼ毎日のように掲載されるDeep Insightや核心などです。その論説記事を読むと、情報を論説委員たちがどのような仮説やコンセプト、切り口で整理しているのかがわかります。そうすることで未来のシナリオを考える際の自分なりの切り口をゲットできるのです。例えば、脱炭素問題にしても、技術面、経済面、政治面、外交面、産業構造面、歴史面、リスク、リーダーシップ、国民性、文化などいろいろな切り口で論じることができます。そういう切り口を数多く持つことでシナリオ思考は強化され、未来を見通しやすくなっていくのです。

ニュースは情報源として読むだけのものではありません。シナリオというのは未来に起こるかもしれない仮説を想像するイマジネーションの力ですから、現実に起きたことの報道において、その背後やその先にある事柄にも思いを馳《は》せる力を鍛えていきましょう。見ていないところに気づくこと、仮説を立ててそれを検証すること、このようなクリエイティブな作業のために論説記事を使うことができます。そのほかにも日経電子版のGlobal Foresight, NewsPicks, Forbes, フィナンシャルタイムズ、エコノミスト、クーリエ・ジャポンなど自分の好みのメディアをフォローしましょう。

6 SFを読む

昨今話題になっている「メタバース」という言葉は、メタ社が最初に使ったものではありません。1992年にSF作家のニール・スティーヴンスンによる『スノウ・クラッシュ』というSF小説の中で生まれたものです。

もっとさかのぼると、SFの父と言われているジュール・ヴェルヌは1865年に出版したSF小説、『月世界旅行』で人類が月に行く様子を描き出しました。このように過去に想像されていた未来が現実に起きているのです。メタのメタバース構想やアポロの月面探査の計画のベースがSF小説であったとは言いませんが、現実が想像を凌駕《りょうが》するようなこの時代にあっては、SFを読むことが、未来を想像し現実を変革する着想の助けになるでしょう。

民間宇宙開発や先端技術の開発を支援するXプライズ財団の創始者であるピーター・

ディアマンディス氏が『2030年　すべてが「加速」する世界に備えよ』(NewsPicks パブリッシング)という本を出しています。

今の最先端の技術やその技術が融合することで起きる未来を描いている本です。内容はSFではなく現実に進んでいる話なのですが、SFと見まがう世界が展開されています。技術はここまで進んでいるのかと驚くと同時に、開発に携わっている人たちは相当先の未来まで考えながら仕事していることがよく分かります。

まるで開発者たち自身がSFの世界観を現実に落とし込もうとしているかのようにさえ感じます。未来に対するシナリオを持つ上では、非常に参考になる1冊であるとおすすめしたいと思います。

また、SFは未来を覗くゲームです。楽しくないとせっかくの未来への空想を盛り上げられません。徳岡の最近の推しは『三体』(早川書房)です。中国のSF作家である劉慈欣《りゅうじきん》氏の作品です。宇宙人との壮大な闘いを描いていますが、中国の技術の進化が相当進んでいることが読みとれて驚愕《きょうがく》しつつ、とても想像力を掻《か》き立てられる傑作です。遠回りのように感じるかもしれませんが、楽しみながら想像力をつけていくことができると思います。

足枷を外す

自分なりの未来仮説が出来上がったところで、それを実務にどう活かしていけばよいでしょうか？　職場で活躍することにつなげていけるでしょうか？　理想的な未来に到達するまでの道のりで障壁になるものを排除していきましょう。

今後何が起きるのか、長期的な理想に向けて何が達成されるべきなのか、どのようなソリューションが求められるのかといった視点と共に、そこに至る道筋で足を引っ張るものにも注意する必要があります。

1　しがらみ感度を磨く

組織にはしがらみが多いものです。風土として当たり前だと思っていることを新しい目で見直してみると、しがらみに気づくこともあるでしょう。

しがらみ感度に関して、徳岡が日産に勤務していた時の逸話をご紹介しましょう。

日産のテストコースでは、ドイツのアウトバーンで走らせる車の試験もします。よって、時速２００㎞といったスピードで車を運転することになります。ところがこのテストコースには時速制限１００㎞の道路標識が立っていたのです。日本の高速道路の慣例にしたがって時速制限１００㎞の標識が設置されていたわけですが、実際のテスト走行ではそれ以上のスピードが要求されるため、誰も守らない無視されるだけの標識になっていました。

この点を外部から来たコンサルタントが指摘しました。守らない、守る必要のない速度制限なのであれば、取ってしまうべきではないか、という指摘です。まがりなりにも「規則」として掲示されていることと実際に起きていることに乖離《かいり》があるのに、それをそのまま受け入れていることで、不合理なことに対する感度が下がってしまうというのです。

言っていることとやっていることが違っても、誰もそれを不思議だと思わない、これこそがしがらみ感度が低下していることの現れです。同じようなことは皆さんの周りにもありませんか？　会社のモットーや標語が掲示されているだけで、実際にはまるで違うことをやっているのに、それを「こういうものだ」と受け入れていませんか？　最近の企業不祥事はそうした間違いに鈍感な土壌から生まれてきているはずです。

世代やバックグラウンドの違う人たちと話をしてみると、自分が当たり前だと思っていることも、見方を変えたらその理由ややり方が全く納得されないことに気づかされます。

図9:しがらみ感度チェック

5 とてもよく当てはまる　4 まあまあよく当てはまる　3 少し当てはまる気がする
2 そうでもない　1 まったく当てはまらないと断言できる

1	自分の仕事領域以外には関心があまりない	5 4 3 2 1
2	過去の栄光が忘れられない	5 4 3 2 1
3	日ごろ、社内常識で不思議に思うことがあるが、そのままにしている	5 4 3 2 1
4	世の中の変化に関する情報を気にしていない	5 4 3 2 1
5	自分を振り返ることができないほど多忙である	5 4 3 2 1
6	最近、どうも感動がない	5 4 3 2 1
7	理屈がきちんとないと気持ち悪い	5 4 3 2 1
8	成功より失敗に目が行く	5 4 3 2 1
9	上(会社)の指示には疑問を持たず従っている	5 4 3 2 1
10	感想を述べれば満足だ	5 4 3 2 1
11	全体より部分に関心が高い	5 4 3 2 1
12	目的に沿って手段を選ばない	5 4 3 2 1
13	手続きがあると安心できる	5 4 3 2 1
14	仕事の流れややり方にあまり疑問は持たない	5 4 3 2 1
15	顧客満足ということが実はあまりピンと来ていない	5 4 3 2 1

日産のスピード制限標識の例のように、別の人から指摘されないと自分では見えなくなっていることかもしれません。しがらみ感度を磨くためにも、身の回りの「当たり前」を新しい目で見直す癖を身につけてください。参考までに、図9の「しがらみ感度チェック」を試してみて下さい。合計で35点以下が推奨できる基準です。いかがでしょうか?

2 「生前死因分析」を実施する

物騒な名称ですが、計画が失敗したという前提で何が失敗の原因になったのかを想像していく手法のことです。医学において死亡後に死因を解明することを「ポストモーテム(post-mortem)」と呼びます。それになぞらえて、プロジェクト終了後や何らかのインシデントが発生した後に事後検証していくことも「ポストモーテム」と呼ばれます。生前死因分析はまったくその逆の発想で、「プレモーテム(pre-mortem)」つまり、プロジェクトが失敗したりビジネスが行き詰まったりする前に、「死亡した」と仮定してその検証をしていくという手法です。

新事業の立ち上げやプロジェクトの開始の際には、今後どうなりそうかについてリスクを分析して予想を立て、計画として落とし込みます。多くの場合、知らず知らずのうちに

「この事業やプロジェクトは成功する」という楽観的な見方に立って計画が練られていくことになります。成功することを前提に、その成功のために何をすべきかに注目した方策を考えて積み上げることになるので、希望的観測に基づいた成功する計画ができるわけです。

しかし、計画は頓挫《とんざ》することも、前提の予想が外れることもあり得ます。失敗したという前提で検証していくことで、リアルにリスクに向き合っていくことも必要です。生前死因分析をすると、不都合な真実から目をそらさず、都合のいい未来ばかり描かないように自分を戒めることができるでしょう。やりたいという思いは重要です。ただしその思いが先走りすぎないように、志に理性や論理を活かし、現実を直視していくためには有効な手法です。

生前死因分析のステップは、ざっと次のような形です。

あるプロジェクトを想定します。例えば、新しく画期的なヘッドフォンで、電車のなかで音楽や学習、ニュース、ゲームなどに没頭したり、爆睡もできます。しかも、降りる駅を音声で事前に登録しておけば、自然に目覚ましが鳴ったり、ゲームや映像もキリのいいところでストップしてくれて、安全に乗り降りができる、というもの。こちらを2年後に立ち上げたかったのですが、「結果、そのプロジェクトが大失敗に終わってしまいました」

という想定の下で、その原因は何だったのかを30分間でブレストします。

普段言えないような、ネガティブに思われてしまうようなことでもなんでもいいので、気楽に不安視していることを挙げられるのがメリットです。リモートになって電車利用が激減した。ITエンジニアが不足して人が集まらなかった、台湾有事が勃発《ぼっぱつ》しサプライチェーンが途絶した、法改正があり電車内でのヘッドフォン使用が禁止された……。

こうしたことを率直に自由に挙げていき、リスクファクターを洗い出すことで隠れた（だれも口に出さなかったかもしれない不都合な）真実をあぶり出し、対応を考えていくことができます。未来を見る重要な視点です。

あわせて、「STEM分析」をすることが、生前死亡分析の具体的な検証のカギになります。ビジネスのプロジェクトに関しても、政府のDX化プロジェクトに関しても、**Science** 科学的根拠があり、**Technology** 技術的な裏付けがあり、**Engineering** 工学的に最適解であることが検証され、**Mathematics** 数値でわかりやすく説明されているものは成功しやすく、そうでないものは失敗する確率が多いのです。

第2章で「日本人は過剰に計画と分析をしすぎて実行しない」ということを指摘しました。この過剰な分析や計画になってしまわないためにもSTEM分析は実践的です。すなわち、STEM分析はそれまでの慣例や惰性でやっている、前例がないからやれない、声が大きいだけでまかり通る、言えない雰囲気に同調する……というようなしがらみから解放してくれます。そして、過剰な分析なのかも数値化できてしまうため、全てが並列で議論される時間の浪費が少なくなります。

3 実践知を養う

実践知（Practical wisdom）とは、自分の生き様や経験の中から紡ぎだす、新しい状況へ対応するための未来への知恵のことです。つまり、その場その場で起きる出来事の文脈を読み取り、適切な判断を下し、実行していくことの繰り返しが知恵として蓄積されていくのです。

そして、何らかの判断を下す裏側には、自分のビジョンや思いに向かってより良い結果を求めていくという姿勢が重要になります。先送りや見て見ぬふりを繰り返していては身につきません。このような実践知を身につければ、どうやってしがらみから抜け出すのか、あの手この手を考えることができるでしょう。

例えば、人事の世界ではバブル崩壊以降、経営の立て直し、競争力の強化のために、短期的な業績を改善するために成果主義の導入が一世を風靡《ふうび》し、どの企業も年功序列、終身雇用を廃止し、成果主義に舵《かじ》を切りました。しかし、成果主義は失敗に終わっています。平成30年間で日本企業はますます落ち込んでいったのがその証左です。そんななかでも第3の道は追求されずに成果主義の改良が続けられたのです。

しかし、本来やるべきことはイノベーション力の強化のはずです。短期的な数値目標は、未知の世界を目指すイノベーションと逆行します。確実に点を取るのではなくリスクを覚悟で試行錯誤する、そんな行動は成果主義では無理なわけです。もちろん成果をきちんと公正に認めることは大切ですが、その一方で目標が上からの押しつけで当事者の思いや志が反映されていなければ、大きな成果（イノベーション）にはつながりません。自分の思いを大切にし、それを目標に込める形の新しい評価制度（MBB：Management By Belief）にしていくことを徳岡は推進しています。このようにいつまでも悪手に固執するのではなく、現実の文脈をよく見て現実的に素早く対応するのが実践知です。

実践知はどのように養えるのでしょうか。まずは、自分の経験をまとめて、皆に頼りにされる知恵にできているかを自分自身に問いかけてください。次の質問に「はい」と答えられるよう学びを続けていってください。

1、自分が語り継げるプロの知恵や問題解決のコツはありますか？
2、自分のキャリアや成功体験から学んできたことを共有できるネタにしてありますか？
3、常識を疑ったり、ふとしたはずみで変なことに気づく観察眼や幅広い経験がありますか？
4、杓子《しやくし》定規ではなく、例外や異常事態に臨機応変に対応できると信頼されていますか？
5、「あなたがいるから助かった」と言われていますか？
6、他の人では無理でも自分にしかできないことはありますか？
7、自分の勝ちパターンや仕事の流儀を明確に持っていますか？
8、同志として本音で議論できる仲間はいますか？

正しい未来を考えるための教養と人脈

ＶＵＣＡの時代の中で未来を読み解こうとするためには、きちんとした歴史観や時代認識に基づいた教養が必要になります。第1章で解説した、デジタル化、持続可能性、安全保障、ルール形成、ヒューマニティといった時代認識がもちろん大前提になります。その上で、歴史や哲学をはじめ、「真・善・美」を追求する宗教や芸術などを通じた教養が欠かせないものです。

このような教養が相俟ってこそ、どのような社会がこれから訪れるのかというシナリオと、未来への洞察に基づいたビジョンを確立していくことができます。

教養とは勉強の科目ではありません。多面的なものの見方を身につけ、目の前にある問題をどのように捉えて、どのような次元で考えて、どのような質問をすることで答えを導き出せるのかを巡って思索する素養のことです。多様な価値観を受け入れつつ、議論を通して答えを導きだしていける力のことです。したがって教養をつけるというのは、簡単に解を導き出せない問いを考え続ける好奇心を持ち続けるということでもあります。また、人類の知の営みの歴史から学ぼうとする謙虚な心や、自分の置かれた環境を歴史的文脈や地政学的文脈で見ることです。

教養を身につけるための具体的な提案は、何にでも興味を持ち質問・課題を見つけることです。質問力をつければ、それに対する解答例をいくつか見つけることは、インターネットが発達した現代では簡単なことです。ワールドワイドウェブ上でも解答が簡単に見つけられない質問ができるようになったら、教養が高まったと言えます。

時代認識を磨く上では、多摩大学学長の寺島実郎氏が解説する1時間番組の「世界を知る力」（TOKYO MX）が役に立ちます。1時間たっぷり時事問題を歴史的視点と全体知の観点から解説してもらえます。

教養が高まると人脈も広がります。自分とは異なる価値観を持ち、自分とは違う物の見方をする人を受け入れ、そこから学ぼうとする姿勢が身につくためです。レジリエンスを高めていくためには人脈を広げていくことが重要であると既に述べました。多様な価値観に触れるためにも、議論し続けられる仲間づくりのためにも人脈は欠かせないものです。同じ分野や業界の人脈だけに頼っていても意味がありません。自分自身の狭い専門分野に閉じこもらずに、異分野の人と知識や経験、知恵を共有することが多様性の理解や受容に繋《つな》がり、そして教養の高まりにも繋がるという好循環を生むでしょう。

多様な人脈を確立するには、画一的な行動パターンを回避することです。概して私たち日本人は第2章で紹介したように、人脈の幅が圧倒的に職場寄りです。しかも自社全体ですらなく、最近のタコつぼ化を反映し、いわゆる「半径5メートルの付き合い」に閉じこもった自職場界隈《かいわい》に限定された極度に細い人脈になってしまっています。

まずは職場から出て他部門の方と研修などの場で知り合った後も繋がる努力をしましょう。またローテーションや社内公募、ポスティングに積極的に応募しましょう。次は転職や副業です。それも勇気を出して違う世界や業界がいいでしょう。徳岡の友人の一人はもともと日産の人事マンでしたが、「人事のプロ」を目指すために、コーネル大学に留学し、アメリカの企業2社で人事を経験。家庭の事情で日本に戻り、フランス企業の日本の子会社、そしてアメリカ企業の日本の子会社でとうとう人事の役員に上り詰めています。その過程で世界中に友人を作っています。自分の看板を掛け替え続けながら、各看板での人脈のストックを増やすのです。

またここでわかるのは人脈は短期の付き合いではできないということです。ちょっとしたセミナーで隣り合った出会いから始まる場合もありますが、通常はその場限りです。**研究会や大学院など、利害関係のない中での一定程度の「期間を共に過ごす」ことが重要です。**またコンサルタントや大学院の教員になるのもクライアントや院生と長い付き合いができます。職場の半径5メートル程度の狭い世界に留《とど》まって安住していては人脈は得られず、未来を見る力は衰えていくばかりです。

第4章

「スピード」を身につける

～世界に通用する速さを生む決断力～

スピードとは、決断である

日本の国や企業のスピードがとにかく遅いという点は誰もが実感している話でしょう。今に始まったことではありませんが、特に昨今、世界のスピードがますます上がっており、日本のスピードは相対的にさらに低下しています。

スピードの低下は日本のイノベーションの順位が落ちてきていることとも無関係ではないでしょう。

例えば、新型コロナウイルスのパンデミックが始まってからたった1年弱で、ファイザー、モデルナ、アストラゼネカといった欧米企業はワクチンを開発して実用化にこぎつけました。パンデミックの宣言から間もなく3年が経とうとしていますが、日本の国産ワクチン候補はようやく2022年11月下旬に塩野義製薬が承認申請をした段階であり、実用化されたものは存在していません。これほど如実に欧米と日本のスピードの差が顕著に示されている例はないでしょう。

スピードとは何でしょうか。突き詰めると責任能力のことだと言えるでしょう。

タイムリーに、決めて、実行して、評価できるかどうか。「いつまでに何をするのか」をはっきりさせる、という意思決定の力のことです。

つまり、決断を速く行えることが最も重要です。正しいかどうかはその時点では最も重要ではありません。間違えたら修正すればよいのです。

「Bad Decision is better than No Decision（誤った決断は決断しないことより良い）」です。

そのための思考のフレームワークや習慣を身につけるリスキリングが重要なのです。

相談ばかりして何も決められないのではスピードは一向に上がりません。無難な落としどころを考えてばかりいては、何も実行に移せませんし、失敗から学ぶこともできず、スピードを上げる手立ても見出せません。2022年の大ヒット映画「トップガン マーヴェリック」でも教官役のトム・クルーズはなんども「Don't think. Just do!」と若手パイロットにはっぱをかけていますね。この章の後半でも取り上げますが、スピードはリーダーシップの問題にもなるのです。

日本の組織はボトムアップでコンセンサスを形成していくやり方が得意です。今までのモノ作り主体の社会では、皆で微調整し、摺り合わせを行い、コンセンサスができた段階で一気にものを進めていくやり方が活きてきました。しかし今の時代に求められるのは意思決定者を明確にし、トップダウンであれチームであれアジャイル（機敏）に決断してまず実行に移し、間違ったら修正していくやり方です。

デジタルの時代は「永遠のベータ版」の時代だともいわれています。時間をかけて完成品を練り上げるのではなく、スピード感を持って製品やサービスを世の中に出し、フィードバックを得ながら常に改善し、より良いものを目指し続けていくことになります。

仮説を立てて検証しながら物事を進め、常にスピード感を持って問題点や改善点を洗い出し、デザイン思考を駆使して変えていく。これがベータ版の大前提です。しかし、残念ながらこのスタイルに乗り切れていない人も大勢いるのではないでしょうか。慎重にあらゆるリスクを勘案し、失敗しないように完璧《かんぺき》主義でついには石橋を渡らず、自分の身の安全を確保するような……。

仮説検証型でオペレーションのスピードが加速しているにもかかわらず、それを無視して昔ながらのコツコツ型で凌《しの》ごうとしていることこそが日本のガラパゴス化の大きな要因ともいえます。

日本の完璧主義の良い点を残しながらもリスキリングしていく観点としては、平時と有

事の差をかぎ分けて区別し、適切な対応をするということでしょう。スピード感の差は平時と有事をいかにスピーディに区別しふさわしい対応をできるかどうかにかかっているのです。平時には既存の枠組みの中で判断を下しよりよい手段を求めて改善を続けます。スピードは遅くても大して問題にはなりません。

しかし、有事の場合はそれではうまくいきません。瞬時に何をすべきかを判断し、それをリスク覚悟で実行に移していく瞬発力が求められます。その際に必要になるのが、何のために判断しているのか、どこに向かっているのか、という「目的に対する意識」を持つことです。さもないと平時の手段的発想から抜け出せずに、目的を見失い失速します。

特に有事においては、前提条件が常に変化し続けます。新しい前提が出てくるたびに新たな目標を設定し、既存の体制を改変し、作っては修正していくイテレーションが欠かせません。日本人の特徴である「バランスを取る」「完璧に仕上げる」といった意識が、正しい答えのわかりにくい有事にはこの邪魔をしているのです。誰からも非難されないように、文句の出ないような完璧さを目指すあまり、あらゆる決断が硬直的になってしまっているのです。

また、第2章でも指摘したように、オーバーアナリシス、オーバープランニング、オーバーコンプライアンスという3つの過剰が幅を利かせていることも足枷になっています。分析や計画、コンプライアンスばかりが優先して、試行錯誤を通じた学習でやり方や方向を変えていくことができないがために、スピードが出ないのです。シリコンバレーの格言では「Fail fast, fail often」とも言いますが真逆ですね。

仕事の管理方法が昔のままでデジタル時代に追いついていないことも指摘しておきたいと思います。人事評価制度としてのMBO（目標管理制度）を取り入れている企業が多くありますが、大半の場合この中での「目標」は年度単位で定められています。

実際には年度の途中でも状況はどんどん変化するものですから、それにあわせて目標も変えていくべきものです。ところが、年度初めに設定した目標はそのまま据え置かれ、フォローされないままになり、結局、年度終了時には当初設定した目標が何だったのかも思い出せないほどです。

形式だけのMBOではその強みを活かすことはできません。

現在シリコンバレー中心にMBOに替わるものとして積極的に取り入れられているのがOKR（Objectives and Key Results：目標と主要な結果）という管理方法です。OKRでは従来の手法よりもはるかに頻繁に目標の設定や追跡、評価を実施します。

例えば、年単位ではなく月単位でチームの目標を設定し、それを達成したら小刻みにその達成を祝う、といったことです。状況が変化するとそれに応じてどんどんピボットし、機動力を発揮していくことができます。競争の激しいシリコンバレーの最先端で生き残っていくための術《すべ》ですが、参考にする必要があるでしょう。

現在、企業の推進力になるべき世代で成功体験のある人が激減していることも問題です。第1章で触れた通り、1989年の世界の時価総額上位50社のうち32社までが日本企業でしたが、今ではそれがたった1社になっています。この期間に社会人になった方は既に50代半ばで、右肩上がりの成功を体験していません。バブル前の世代は既に60代。過去の栄光ばかりにこだわっているうちに、周りからは老害だと思われているかもしれません。これより若い世代は社会全体としての成功体験を全く知らないわけです。しかしそれでも世界の起業家や投資家と戦わされているわけです。

このような現状を考えると、**スピード感というものは意識的に身につけていくべき「スキル」として捉える必要があることが分かります。ただ生まれつき動作が速い・遅いというのではなく、目的や状況に応じたスピードを出す力をいかに身につけるかの問題だということです。**

リスキリングの対象としてスピードを挙げているのはこのためです。**スピードという観点のリスキリングで最も大切なことは、第2章で述べたような時代認識をしっかりと持つことでしょう。世界の現状を把握し、世界最先端のスピードをきちんと知り、そこに照準を合わせることになります。プログラミングを覚えたり、デジタル技術を身につけたりといったスキルを習得しても、スピード感をもたずにのんびりと取り組んでいれば結局は負けてしまうことになるのです。**のんびりプログラミングの研修をやっても意味がありません。

世界のスピードを実感して問題意識を鍛える

自分の置かれた状況を客観的に認識できなければ、自分たちがどれだけ遅いのか実感を持つことはできません。まずは問題意識を持ってください。

1 国際感覚を磨く

スピードを身につけるための大前提として、常に海外メディアや海外から発信される情報に触れてください。日本の人口は約1億2000万人。対する世界の人口は2022年にはついに80億人に到達しました。世界経済に占める日本のGDPは5％程度です。つまり、日本のメディアでカバーされていることは、この世界の人口や経済から見ると限られたことになります。日本のニュースばかり追っていてはスピードを意識することはできません。

フィナンシャルタイムズ、エコノミスト、ウォール・ストリート・ジャーナル、ニューヨークタイムズ、BBCなどのクオリティの高い報道に触れてください。有識者やベンチャー企業のブログも読みましょう。いつもスマホを握りしめて生きている私たちはそれができるはずですね。

毎日のちょっとした隙間時間では、ゲームやショッピングから離れ、海外メディアや海外の情報に触れるチャンスはいくらでもあります。アラートを設定しておくのもよいでしょう。

第3章で提案した通り、自分のアンテナを立てて、それに沿ったニュースや気になる会社の動向や政治の流れなどについてアラートを設定しておくと、関心のある分野の情報が自動的に入ってくるようになります。

日本の新聞については、日経電子版Pro（法人契約）では記事を日英で読むことができます。日本語での報道の内容は英語ではどのように表現されているのか、単語や言い回しを知る手がかりになるでしょう。このようにして基礎力を高めておくと海外メディアや海外ブログも読みやすくなります。

2 最先端のスピード感をベンチマークする

海外発のニュースや情報に接する際には、ベンチマークすることを意識しましょう。例えば、テスラを徹底的に研究することができるでしょう。GAFAの創業からの変化を追いかけるのもよいでしょう。GAFAといえども、それぞれ課題を認識しながら今の地位に安住しないで変化し続けていることが分かります。『アマゾン・メカニズム』（谷敏行著、日経BP）はアマゾンのイノベーションスピードを実感できる好著です。

最先端と言われる企業はどのようにスピードを上げ続けているのか。この点に問題意識を持ってベンチマークしながら最高速で走る企業のダイナミズムに触れてください。その意味で、海外メディアを読むとしたらフィナンシャルタイムズの企業セクション（Companies Section）に目を通すことが欠かせません。イギリスで花形のインベストメントバンキング部門に就職すると、ボスからこの企業セクションを絶対に読むようにとアドバイスされます。

注目している企業が何を変えているのかについて調べるようにしてください。ニュースとして取り上げられるのは新商品や企業業績ですが、なぜそのような新商品ができたのか、何を変えたのか、なぜそのような業績になったのかを注意して考えます。報道で取り上げられていることだけではなく、必ずしも取り上げられていない背景や理由を想像する癖をつけましょう。

3 タイムマネジメントを意識する

欧州のビジネスパーソンは1カ月間から2カ月間の夏休みをとります。逆にシリコンバレーの人は24時間365日猛烈に働きます。

どちらがいいのか是非はともかくとして、スピード感という観点では自分はどのように時間を使いたいのか、冷静に見直す必要もあるでしょう。前出の通り、房は1年のうち1カ月は欧州式に家族とともにゆっくり休暇を取りますが、そのかわり残りの11カ月はシリコンバレー式に常時臨戦態勢で仕事にあたっています。

要はメリハリをつけるということです。人には1日24時間しかありませんが、それは誰にも平等に与えられています。

その時間をいかに有効に過ごすか、それをコントロールできればスピード感を持って動くことができます。自分のやりたいことはなにか、中長期・短期での目標は何か、優先順位はついているか、仕事ばかりではなく、学習や人脈、教養、健康、趣味、リラックスなどなど。

自分の時間の使い方（タイムマネジメント）を意識することによって、人生は普通の人の24時間以上に有効活用できます。単位時間当たりのアウトプットが高まるのです。

徳岡の場合は、コンサルティングや研修、そして大学院での授業や研究といった多岐にわたる分野でポートフォリオ・ワーカーをやっているので、インプットが欠かせません。それゆえ常時並行して3、4冊の本を読みこなすようにしており、そのために隙間時間を活用したり、速読、要点メモの作成などタイムマネジメントの工夫をしています。

このようなスピードを身につけるタイムマネジメントスキルの向上のための習慣としておすすめなのは、キータスク管理の癖です。どうしても重要な案件ほど後回しにしがちなので、タスクの分解と時間の割り当てをかなりストレッチした時間軸で明確にするのです。

例えば、今回の執筆を例にとれば、これは房にも徳岡にもキータスクですので、概略の構成ができたら、執筆は1カ月で終わらせようと決め、各章ごとにいつ打ち合わせをするか、その後にいつ文章化するかなどを決めてスケジュールに落とします。

普通であれば半年、片手間にならざるを得ないような（やや気の重い）作業も、優先順位を意識でき、集中できるようになります。このようなキータスクの明確化とストレッチしたタイミング管理を意識して、先送りしない自分流タイムマネジメント術を習慣化してみてください。

制約を諦めないための視点を持つ

誰しも、自分の置かれた環境の中で自分の手足を縛っているプロセスがあることになかなか気づきません。それゆえ、周りのスピードとは無関係に「普通」の巡航速度で仕事を回してしまいがちです。自分を取り巻くスピードを遅くさせている（得てして無意識の）前提条件について、その限界や制約を客観的に把握する視点を意識的に持つことが大切です。

1 自分の担当領域を取り巻くルールを研究する

仕事を進める中で、どのような標準や規制、法令や業界のしきたりといった前提条件に囲まれているのかについてまず理解しておく必要があります。

逆に言うと、他人から見ると理解されないようなしがらみはないか、ということです。なぜ毎日会社に行かなくてはいけないのかとは、コロナ前は誰も考えずに、毎日地獄の通勤電車に乗っていました。そうした中でもベンチャー企業のなかにはリモートで仕事をしている会社が登場していました。

人事上の出退勤管理が金科玉条のようにあったので当たり前に出勤していましたが、なぜベンチャー企業はそうしなくてもいいのかまでは考えずに、「いいなぁ、彼らは」で思考停止していたと思います。そのような目に見えない空気のような縛りをきちんと把握し、そこを変えていくことがスピードアップの大前提であり、イノベーションの前提になります。

つまり、どのようなアウトプットを出したいのかを明確にした上で、そのために何を変えるべきかを洗い出して解決していくことです。制約があっても諦《あきら》めず、自分の外部環境に働きかけて影響を行使し、アウトプットにつなげる確固とした意志がスピードにつながります。また、スピードアップのために現状の縛りやしがらみを変えていく視野の広さが必要です。

この章の冒頭でスピードの例として新型コロナのワクチン開発を引き合いに出しました。この例を掘り下げると、新しいワクチンの承認に関する規制という限界を乗り越えたことが新しいワクチンのスピード承認につながった要因の1つであることがわかります。従来、新薬の承認前には3回にわたる臨床試験が必要です。従来の規制では、第1段階の第I相臨床試験が終了して安全性が認められた段階で第II相の治験に進み、その有効性が証明された後に第III相の治験に進むことになります。ところが、ファイザーとモデルナとアストラゼネカは第I相臨床試験で有効性が高そうだと分かった時点で中間データの情報を開示し、最終結果を待たずに第II相や第III相の治験に進みました。「有事」であることを認識した上で通常の規制承認の制約を取り払って研究を進めようとしたのです。もちろん、このようなやり方について規制当局から事前に確約を得た上でのことです。「規制があるから進められない」と諦めてしまうのではなく、スピードを求めるためには既存のルールにも挑戦していったという好例です。

ただし、業務や業界を取り巻く制約については、個人として全てに取り組んでいくのは難しいことかもしれません。ここは、組織全体として自社の産業が置かれている環境を把握し、それを変えていく努力が欠かせません。またその内容をリテラシーとして従業員に知らせていくことも必要でしょう。例えば、「わが社の理想は商品のリサイクルを100％達成することだが、現状では5年かかりそうだ。それを3年というスピードでやっていくためには、規制、コスト、技術の面で○○のような課題がある。そういうことに挑戦していきたい」といった会社としてのスピードにかける思いとその制約をトランスペアレントに従業員に語り掛けることで、社員の「無意識の前提」に対する気づきが生まれ、変革へのコミットメントに変わるはずです。

●無意識の前提に気づくためのチェックリスト

・一定期間で繰り返されるルーティンがなぜ半分のスピードでできないかを考える：(例)売上の月次処理を隔週にできないのはなぜか？

・一定のリソース（金額や所要人員、準備のリードタイムなど）が決まっている業務がなぜ半分できないのかを考える：(例)恒例の夏祭り行事の省力化はなぜ誰も言い出さないのか？

・業務を進める際にいつも関わる関係者がなぜ半分にできないのかを考える：(例)決裁の稟議《りんぎ》回付者で本当に必要な役職者は誰かを考えないのはなぜか？

・意思決定が遅い顧客企業とのビジネスの効率を上げるにはどうすればよいかを考える：(例)営業マン1人に対して年間契約数を倍にすることを考えないのはなぜか？

2 全体知を身につける

全体知とは、さまざまなことを総合して考えられる力や、全体を俯瞰《ふかん》する知恵のことです。日本のことだけ知っていても世界は分かりません。自分の仕事ばかり見ていると業界全体や経済全体の機会や脅威が目に入りません。比較できる力を身につけ、さまざまな視点を持って高いレベルで的確な判断をしたり、納得感のある発言で合意形成を目指すことが全体知の力だと考えます。

これは第3章で指摘した教養につながることです。教養とは突き詰めると、「人の気持ちが分かる」ということでもあります。教養があれば、異なる多様な人が多様な価値観や考え方を持っていることを受け入れ、それを認めて調整していくことができ、自分たちが議論しているトピックを整理できます。視点を提供し、解は1つではないのを認識していくことが相互理解につながるのです。そのような相互理解があって初めて、ものごとを前に進めていくスピードは生まれるのです。

房はベンチャーキャピタリストとして、先進国のレッドオーシャンから、新興国のブルーオーシャン市場に軸足を移すようになりました。新興国は先進国に比べてはるかに多くのリスクがありますが、そのリスクの判断材料になるような市場に関する情報があまり多くないのが現状です。

そこで参考にするものが、CIAが世界の266カ国・地域に関して出している The World Factbook や世銀、IMFなどから発行されている各国について掘り下げたレポートです。こういったものを読むことでおおよその土地勘を養うことができます。世界の生の状況に触れるにはドルストリート（Dollar Street）というサイトを見るのが徳岡のおすすめです。世界各国でどのような生活が営まれているのか、リアルな画像や動画を紹介しているサイトです。どの国で何が起きているのか、どのような生活水準なのか、世界に関心を持つためにはこのように楽しんで覗き見してみるのもよいでしょう。

こうして全体像を掴むことで、自分なりの判断軸や直観力、説得力のある論理展開力を持つことができます。国や市場に限らず、新しい分野に入っていく前にはまず視界を拡げ全体像を把握しておくことが重要です。皆さんも自分の業界や市場、関心のある分野について、総合的かつ俯瞰的に捉えた調査を積極的に探す姿勢を身につけてください。そういう癖をつけると多様な情報を多数取り込み、世界の動向の「当たりをつける」「土地勘を磨く」ことができ、素早く判断する力が身につきます。

全体知を身につけるには様々なやり方で時間をかける必要がありますが、まず取り組んでほしいのはシンプルです。

・読書の習慣を身につける：忙しいビジネスパーソンは今やなかなか本を読んでいないようですが、これは脱出しましょう。週に1冊を目指しましょう。
・3章のシナリオで挙げた「未来のアンテナ3本柱」を追求する。読書やニュースや論説もこのアンテナベースで収集すると効率的でいいでしょう。
・自分の好みのニュースサイト（NewsPicks、BBCなど）を決めて必ず毎日1つでも読む。

3 ルール形成に絡む専門家の人脈を作る

制約や限界を諦めないという意味では政治への関心を持つべきです。

政治や行政が変わらないから世の中が変わらない、政治が変われば世の中の仕組みが変わる、という問題を投げかける意識を持つことです。ルール形成力や交渉力の基本になることです。業界や技術を縛っているルールに関して詳しい有識者、研究者、弁護士、政治家などに伝手《つて》をたどってアプローチする努力は重要です。

一定の時間はかかるでしょうが、そうした普段は見えない世界の知見をきちんと調査し、「では何ができるのかな」と諦めないことです。ルール形成で世の中をひっくり返し、スピードを上げるのには時間はかかりますが、ひっくり返すチャンスです。

現に電気自動車の世界ではそれが起きており、20世紀に世界を席捲した日本車が今苦境に立っています。２０３０年までにあっという間のスピードでガソリン車が販売できない世界が来るのです。ルールメイキングの世界の人脈から締め出された結果です。

一方で、日本のD社はルールメイキングに一日の長があり、中国市場で大成功を収めています。D社では市場規制や環境規制のルールで中国以外の東南アジアでも優位を保つべく、東南アジアの国々のエリート（将来政府高官や政治家になる卵）が学んでいる日本の有名私立にルールメイキングの専門家を客員教授として送り込み、そうした学生たちの指導教官を務めさせてパイプ作りに役立てています。

急がば回れのしたたかな戦略と言えるでしょう。第6章で見るようにマーケットベースの競争戦略以上にルールベースの市場創造が世界の焦点になっています。そこでのスピード感ある対応についていく準備としてのリスキリングが重要なのです。

さらに、時には裏技や寝技を使うことも必要になるでしょう。正面突破すると時間がかかりすぎる場合、その制約を乗り越えるためには普通のプロセスを踏むのではなく、うまく裏技を使うことも求められます。例えば、特定の役員との接点を増やしたければ、その役員の秘書と仲良くなることも1つの作戦です。つまり、キーパーソンを見極めて、人脈を築いていくことも制約を打ち破る助けになります。

自分を縛っている制約やルールといったものも所詮は人間によって作られてきたものです。そこには何らかのほころびや抜け穴、例外があるはずです。決まっていることだからと受け入れてしまうのではなく、いったん立ち止まって疑ってみる必要があるのです。

スピードを落とさせるルール、変えられるルールであれば積極的に変えていくべきですし、変えられないのであれば裏技を使うこともあるでしょう。こういったことが目標に向けたスピードの加速につながるのです。**「あの手この手」「蛇の道は蛇」など権謀術数も含めてスピードを上げる人脈形成を意識してルーティンからはみ出すポジティブな逸脱（Positive deviance）にトライしてみましょう。**

人脈に頼るのは、旧態依然とした慣例にしたがうことと同義ではありません。現実を変えていくための武器として活用することもできるのです。

次のようなチェックリストでご自身の力を確認してください。

- 政治家の友人・知人がいる
- 中央官庁の課長級以上に友人・知人がいる
- 企業法務の弁護士の友人・知人がいる
- ルール形成戦略の勉強会に参加している
- 自分の業界に詳しい大学教授の友人・知人がいる
- 自分の業界に詳しいコンサルタントの友人・知人がいる

組織変革スピードを上げるリーダーシップ

自身が成長し、組織を望ましい方向に変えていくためのスピードを手に入れるための要素として重要なのが、リーダーシップです。

スピードとは突き詰めればマネジメントとリーダーシップの問題に行きつきます。

あらためてその違いを考えると、マネジメントとは、明確な目標がある中で、リソースや仕組みを適切に管理し、組織を誘導して成果を出すことです。巡航スピードを決めていると言えます。

その中では、さまざまな問題を解決し、パフォーマンスの改善を図っていくことが求められます。マネジメントが貧弱でPDCAサイクルが回せないようでは話になりません。また不祥事を起こすようでは論外です。そういう意味で、業務の標準化、改善、プロジェクトマネジメントなど、マネジメント力をきちんと高めることは基本です。

これに対して、変化の時代にスピードを上げるためにさらに重要なのがリーダーシップです。こちらの方が当然難しくなりますし、日本人は特に苦手にしていると言わざるを得ません。

リーダーシップとはいかに変化に対応するのか、ということです。こちらは有事や緊急事態のスピードを決めてしまいます。このVUCAの時代には、変化は徐々に訪れるものではありません。昨日までの前提条件が今日にはまったく変わっていることもあり得ます。その時に重要になるのが、どちらの方向に行くべきかを決める力、責任をもって決断し、皆をまとめていくリーダーシップです。

ビジョンを提示してメンバーに動機を与え、方向性や行動をしっかりと指示することです。その中では、ビジョンの達成に向けて新たな課題をあぶりだしていく能力も求められます。

日産をV字回復に導いたカルロス・ゴーン元CEOは東日本大震災の復興で被災した工場をいち早く立て直しましたが、その時に重視したことを①アセス（Assess：現状把握）、②プラン（Plan：復興計画策定）、③エンパワー（Empower：既存のルールは棚上げし現場に任せる）、④コミット（Commit：トップも腕まくりをする）、⑤ラーン（Learn：うまくいった点、行かなかった点を振り返る）と徳岡が以前インタビューした際に語っていました。

変化に対応するリーダーシップの極意を端的に示していると言えるでしょう。こうした背水の陣での覚悟を持ったリーダーシップがなければスピードは絶対に上がりません。私たちには、失われた30年から脱出し日本を必ず再興するんだ、絶対やり切るんだという覚悟があるでしょうか。それがリーダーシップです。

すなわち、リーダーシップには信念が必要であり、それが人の心を摑むのです。

しかし、それを人ごとにしてはいけません。英雄待望論ではいつまでも問題が先送りです。特にお上頼みで個人が意見や思いを責任を持って言わない日本ではその傾向が強いと言えましょう。「英雄のいない時代は不幸だが、英雄を必要とする時代はもっと不幸だ」とは、ドイツの劇作家ベルトルト・ブレヒトの言葉です。

他者依存ではなく、私たちひとりひとりがリーダーシップのリスキリングを行い、リーダーの意識を持つことがスピードアップには必要なのです。

リーダーシップ発揮のために重要なリスキリング項目を挙げておきましょう。

・ビジョン策定力

第3章（シナリオ）でも述べた未来を構想する力を土台にして、自分の信念としてまとめ、人々の心を鷲摑《わしづか》みにする魅力ある未来を提示するスキルです。

・情報発信力

人々を勇気づけ前を向かせるには夢だけではなく、各自がリーダーシップの意識を持って動くように、情報をどんどん発信して、状況を知らせ、動く材料を与えていく必要があります。必要な情報を的確にタイムリーに伝えるコミュニケーション戦略のスキルが必要です。

・モチベーション

変化を好む人は残念ながらあまりいません。それゆえ、リーダーは社員を動機づけ、前を向いてもらうために外発的動機づけや内発的動機づけにたけていなくてはなりません。どんな得があるのかだけではなく、素晴らしい大義名分や共通善に訴える、部下の内発的動機を把握するなどあの手この手を繰り出す必要があります。モチベーションのスキルをしっかり学びましょう。

・一体感の維持

変化の際には人心が乱れバラバラになりやすいものです。そのような状況を放置しては組織は停滞し、危機に際してスピードが上がりません。皆の心をつなぎ留め針路を明確にしていくコミュニケーションスキルです。これについては後述します。

・価値観の伝達

新たな方向に組織というタンカーの舵《かじ》を切っていくわけで、骨太な信念に基づいて組織の皆のこれまでの価値観を揺さぶり、執拗に変えていく必要があります。リーダー自身がどこまで歯を食いしばれるか、本当についていっていいのか、信じられるのかが試されます。ここではリーダーのぶれない、しかも高次の目的意識が重要です。そうしたリーダーとしての高い志を磨くことが欠かせません。

・議論の場づくり

皆を巻き込み、当事者意識を持たせ動かすためには、やはり成員の参加意識が重要であり、リーダーからのメッセージ発信や車座での対話、1on1での密度の濃い対話など、参加の場に顔を出し続け皆を盛り上げるポジティブさ、明るさが重要です。ポジティブな場を作るコミュニケーション術を学びましょう。また皆の暗黙知や思いを引き出し、議論を創造的にまとめていくファシリテーションのスキルも、ややもすると分断が進むデジタル時代には重要なスキルとなっていきます。

・チェンジマネジメント

変化にたじろいでいるばかりでは、スピードは上がりませんが、戦略なくただジタバタしても無駄が多くなってしまいます。いざ、危機が起きたり、重要な節目（M&Aや新分野への進出、ブランドイメージの刷新など）、さらには古臭い・スローな企業風土の刷新（風土改革、企業文化変革）の際にリーダーが用いるスキルとして重要なのがチェンジマネジメントスキルです。

欧米ではM&Aが成長戦略のために多用されますが、せっかくM&Aで相乗効果を狙っても、M&A後の2社の融合をきちんと図らないと統合効果は出ず、企業価値は高まりません。

そこで編み出されたのがPMI（Post Merger Integration）という手法です。PMIはチェンジマネジメントの一種なのです。こうした変革を乗り越え、狙った効果をスピーディに出すためのプロセス管理はリーダーのとても重要な役割です。

そのためのスキルがチェンジマネジメントスキルなのです。その骨子はUnderstand（変化の目的やゴールを理解する）、Accept（その戦略が腹に落ちて、社員が自分ごととして捉える）、Commit（社員が自分ごととして動き出す）という3ステップ（これを**UACモデル**と言います。図10参照）を管理することです。これをトップのメッセージ戦略、社内広報、人事評価、教育など様々なツールを使って進め、社員の自発的な動きを促進していきます。

図10: 意識変革のUACモデル

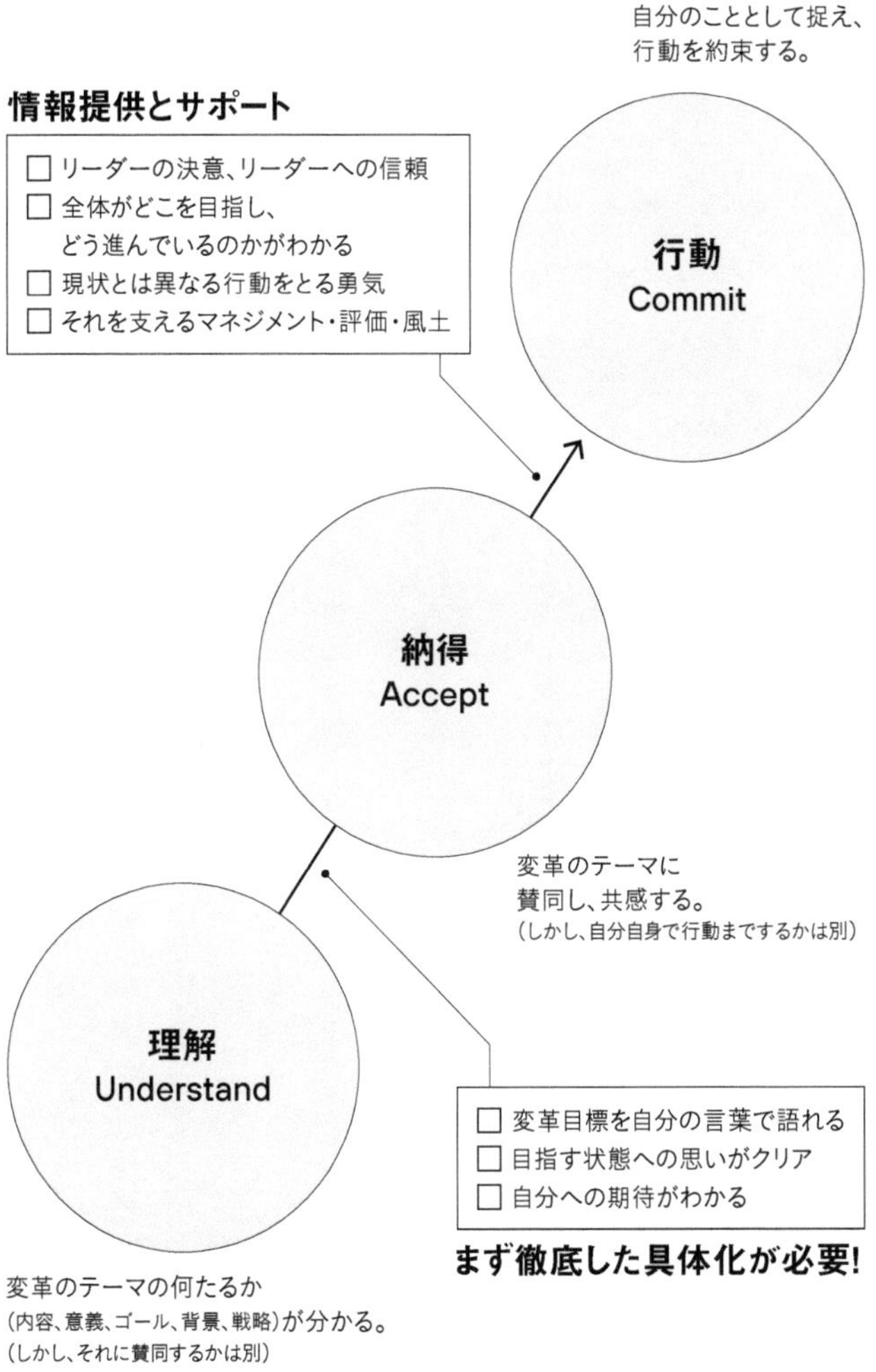
自分のこととして捉え、
行動を約束する。
情報提供とサポート
☐ リーダーの決意、リーダーへの信頼
☐ 全体がどこを目指し、どう進んでいるのかがわかる
☐ 現状とは異なる行動をとる勇気
☐ それを支えるマネジメント・評価・風土
行動
Commit
納得
Accept
変革のテーマに
賛同し、共感する。
（しかし、自分自身で行動までするかは別）
理解
Understand
☐ 変革目標を自分の言葉で語れる
☐ 目指す状態への思いがクリア
☐ 自分への期待がわかる
まず徹底した具体化が必要!
変革のテーマの何たるか
（内容、意義、ゴール、背景、戦略）が分かる。
（しかし、それに賛同するかは別）

もっともこうしたチェンジマネジメントスキルは大きな変化だけに限りません。年々の目標をしっかりやり遂げる、新商品を売り出すために販売店に納得してもらうなど、あらゆる場面でこのＵＡＣモデルは重要なツールになるのです。チェンジマネジメントスキルをリスキリングすることで、早期の目標達成へ向けて人々を動かすリーダーシップを発揮していきましょう。

リーダーシップ・コミュニケーション

リーダーの重要な打ち手はコミュニケーションです。効果的なコミュニケーションで組織は俊敏に動きスピード感をもって変化に対応することができます。アラン・エイカーソンとロバート・メイは『リーダーシップ・コミュニケーション』（ダイヤモンド社）のなかで3つのコミュニケーション戦略を提示しています。

1つ目は**コミュニティ構築者**です。組織の成員がバラバラではなく、皆がつながっている意識をもって、コミュニティのように信頼し合い助け合っている状態を作るコミュニケーション戦略です。そのために、リーダーはパーパス、理念、ビジョン、価値観などを明確に語る必要があります。またそれを腹落ちさせるために組織の物語（ストーリー）を語りあう場を持ち、皆が「あぁ、この組織にいてよかったな」と愛着やエンゲージメントを感じてもらえるコミュニケーション戦略です。ここには、個々人に寄り添う共感力、1on1での対話力も含まれます。

2つ目は、**ナビゲーター**です。変化の激しい環境でも針路を見失わず、各部門が協力し合って目標を歯を食いしばって達成するためのコミュニケーション戦略です。進捗《しんちょく》や問題に関する透明性の高い情報のタイムリーな発信、部門間の連携強化の情報共有など、組織が空中分解しないようにしながら皆の背中を押していくコミュニケーション戦略です。

3つ目が**変革の仕掛人**です。組織は次第に無意識の前提に取り囲まれ、しがらみだらけになってスピードは落ちていくものです。そこでリーダーは、人々が成功体験に過剰適応しないよう、常に問題意識を投げかけたり、敢えてストレッチした目標を投げて、慣習を打破させたりと、組織にゆさぶりをかけるコミュニケーション戦略を行うべきです。

このような3つのコミュニケーションスキルは、日本ではほとんど学ぶ機会がありません。しかし、変化の激しい中で変わらないといけない私たちは、だれもがリーダーシップコミュニケーション戦略のスキルを学んで、各現場で変革にコミットしていく必要があるのです。リーダーのコミュニケーション戦略をまとめたのが先に挙げた著者たちによる『リーダーシップ・コミュニケーション』ですので、まずはご一読ください。

第5章

「サイエンス」を身につける

～決断を支える合理的思考力～

サイエンスとは「STEM」である

房はベンチャーキャピタリストとして、今後大きく成長しそうな将来性のあるスタートアップやベンチャー企業に投資していますが、日本発のベンチャー企業の中から、GAFAのように大きく育つプレイヤーはなかなか出てきません。

STEM（科学・技術・工学・数学）をベースにしたビジネスプランが備わっているかどうかが大きな違いを生んでいると考えます。シリコンバレーの成功するユニコーン企業にはSTEM思考ができる人材が集まっています。

シリコンバレーのスタートアップはSTEMをベースにした発想ができ、仮説を何度もスタンフォード大学の教授たちと議論し、科学的な裏づけを論理的に検証していく姿勢があります。一橋大学の野中郁次郎名誉教授の創始した知識創造学派に属する徳岡は、それに対し、イノベーションの原点は起業家の「思い」であり、世界を変えたいという志や夢、問題意識が最も重要だと信じています。房のGVEや徳岡のライフシフトも正にそうした思いから出発しました。その大きなビジョンこそシナリオの原点であり未来構想力です。

しかし、**その正当性を証明し、そして実現していくにあたってはしっかりとしたSTEM発想があってこそなのです。「思い」で構想し、「STEM」で検証して実現していくのです。**

これに対して日本の企業やベンチャーには、世界を変えたいという大きな未来構想力に弱みがある場合が少なくないことはすでに見ましたが、技術があっても財務の数字が分からないなどSTEMの全ての要素が揃っていない場合や、そもそもSTEMの思考が全くなく気合だけでパワハラ的になって空中分解してしまう場合が散見されます。

房は投資判断にあたって、まさにこのSTEM思考がどの程度備わっているかを1つの軸にしています。STEMをベースにしたビジネスプランのある企業は投資していく価値があります。逆に、STEMの何らかの要素が欠けている企業については、その会社に欠けている要素に注目し、そのSTEMの要素を補い育てていくことで成長を促すことになります。

「4つのS」で取り上げているサイエンスとはこのSTEM全般のことです。英語がグローバルの共通言語になっているように、今のデジタルテクノロジーの時代では、STEMの知識や知見が言語を超えた共通の普遍的なコミュニケーションのツールになっているのです。また、ＳＴＥＭを軸にすることで自分の思考も誘導されて合理的な考えができるようになります。

デジタルトランスフォーメーションとはまさにこのようなＳＴＥＭをベースにした論理的・合理的な考え方の上に成り立っているものです。この理解に立って、この章ではＳＴＥＭの概念を総合して「サイエンス」と呼ぶことにしましょう。

ではあらためてサイエンスとは何でしょうか。端的に言うと、「同じ条件で実験したら同じ結果が出る」ことだと考えます。

事実やデータを収集して分析し、数字で表れた結果に基づいて客観的かつ論理的に「正しさ」を導きだし、次の行動を判断していくことです。アルベルト・アインシュタインは「いかなる問題も、それを作りだした時と同じ考え方によって解決することはできない」と指摘しています。

つまり、失敗したことを再度やり続けるのは非サイエンス的ですし、同様に、過去にうまくいっていたことであっても前提条件が変わったにもかかわらず同じようにやり続けることも非サイエンス的なのです。

また思い込みや妄想だけで未来に突き進むのも非サイエンス的です。その意味ではサイエンスと理念は表裏一体のものです。

第3章の「シナリオ」の項目でも取り上げた通り、VUCAの世界に必要とされるのは未来のあるべき姿を描き出す理念です。テクノロジーの時代とはいえ、テクノロジーにすべてを任せておくことはできません。世界がこの先どこに向かっていくのかについて、AIは判断してくれませんし、AIに任せておくべきでもありません。テクノロジーだけを過信することはできないのです。

一方でイスラエルの歴史家ユヴァル・ノア・ハラリが「構想する力」を説いているように、将来の社会のあり方といった現時点では実体のないものを構想し、周りの人を引き込んでいくのが理念であり人間の力です。理念をはっきりさせ、価値観を鮮明にすることで影響力を行使することができるようになります。

そして、**その社会実装においてはサイエンスをベースにした原理原則を確立し、説得力を持って理念を語りかけることが必要になるのです。**このようにサイエンスには変化の時代に必要な原理原則を確立していくという共通言語としての役割があるのです。

VUCAで揺れる時代とは、どこへ向かうのかを示す構想力競争の時代でもあります。

日本も世界の平和へ向けてどのような理念を提唱し実現できるかが問われています。

まさに理念の競争ですが、個人や一国家の単なる思い込みや決めつけの理念では人を動かすことはできません。自分の価値観はもちろん自分の個人的な見解ですが、周りの人や国々にも納得して賛同してもらえる価値観になっているか、常に振り返ってみる必要があります。

それゆえ自分の理念を強烈に表現することに加え、そこに明確な理論的根拠を与えて正当化していくサイエンスマインドこそが、このＶＵＣＡの時代に求められるのです。そういう意味で、自分自身の価値観の普遍性が問われる時代であり、リーダーシップの基盤が問われます。

単なる信念（Belief）ではなく、より多くの人にとって善（共通善、Common good）であり、正当化できる、論拠のある信念こそが重要です。その意味で真善美を限りなく希求する思いが重要であり、それを知識創造論の世界では「正当化された真なる信念（Justified true belief）」と表現しています。

そのような価値観とは幅広い視野から判断する全体知や正しい時代認識といったいわば教養から生まれるべきものですし、世界を変えるわけですから世界の多様なバックグラウンドをもった人たちと議論する場で確かめていく作業を通して培われるものでしょう。その際に重要になるツールこそが、国境や文化、人種を超えて共通認識を持てるサイエンスなのです。

こう考えていくと、サイエンスを重視することは、文系的な要素を軽視するという意味ではないことがわかります。STEMという観点からのサイエンスは自然科学（Natural Science）に焦点を当てていますが、もう1つのサイエンスとして、人間を対象にした人間科学（Human Science）という分野もあります。「人間とは何か」という問いを掲げ、人間そのものを研究対象にするものです。ヒューマン「サイエンス」ですから、人間を理解していくためにサイエンスベースの論理分析的アプローチを取り、その中では心理学や社会学、哲学や歴史といった分野への深い理解や視野が求められます。

まさにこれは、本書で指摘している「教養」ということにほかなりません。サイエンスを突き詰めていくと、昨今重要性が指摘されている文理融合にも行きつくということです。STEMにマーケティングという人間の行動へのフォーカスやリベラルアーツ的な視点を融合させたのがビジネスです。日本でもビデオの規格のベータ対VHSで有名になりましたが、テクノロジーが優れていてもマーケティングが下手であればビジネスとしては成功しません。このような背景から、科学・技術・工学・数学に教養（Art）を加えたSTEAMという言葉も登場しています。

サイエンスマインドの欠けた日本社会

世界がサイエンスに基づいてロジックの世界で進んでいる中で、日本は残念ながらここでも後れを取っています。それを如実に示しているのがさまざまな技術やサービスのガラパゴス化です。皮肉なことに、日本は高度な技術やサービスを備えていながら、その高度な技術やサービスの最適化を図った結果、世界基準からはずれて日本独自の発展を遂げてしまいました。これがガラパゴス化です。ガラパゴス化の例として頻繁に取り上げられるガラケーは、折りたたみ式携帯「電話」を「もっと良くしよう」とどんどん進化させていったものです。

論理的にテクノロジーの進化を分析すれば、また、ＩｏＴとか５Ｇと称している世界中が常につながりあうデータの時代の到来を前提としているのであれば、電話とインターネットによるデータ共有・通信を補完する世界をどう実現するかが見えていたはずです。また、モジュール化することによるメリットとアジャイル開発という言葉の関係を理解していれば、ガラケーに固執せずにスマホへの転換を加速できたのではないでしょうか。

つまり「24時間365日常時オンラインとなる技術」が実現されようとしている前提が受け入れられているにもかかわらずオフラインのシステムを引き続き使おうとするなど、何のために誰のために「良くする」のかといった理念が欠けているプロジェクトに血税が使われて、資源も無駄になっていることが、我が国では多いのです。さらにユーザー側もガラパゴス化を諾々と受け入れました。論理的に考えればガラケーより、それぞれ独立した形でのアプリを簡単に開発し起動させられるスマホのほうが利便性が格段にすぐれているにもかかわらず、多くの人が過去から慣れ親しんだ習慣から抜け出せず、自分の生活の利便性や自身の能力の可能性を最大化することをロジカルに考えずに、ガラケーを長い間生き残らせてしまいました。

ガラパゴス化すらせずに進化そのものが遅々として進まない分野もあります。お金のデジタル化などはその最たるものでしょう。

2021年の日本のキャッシュレス決済比率は上昇しているとはいえ、いまだに32・

5%です。ATMの維持管理費や現金輸送、小売店の現金取扱業務の人件費などを合わせると、現金決済を維持するのに年間8兆円のコストがかかっています。また、現金輸送はもちろんスマホで済まないクレジットカードでさえも発行や廃棄は環境への負荷にもなります。論理的に考えると現金を維持することは理にかなっていません。しかし、お金のデジタル化はなかなか進みません。これもサイエンスベースの思考が薄いからだと言って差し支えないでしょう。

サイエンスがないところで生まれるものがしがらみや忖度《そんたく》、迷信の世界です。ガラケーの例では、「いままで使っていたから」「慣れているから」と、古いものにしがみついてしまう結果になりました。経路依存性ともいいます。お金のデジタル化の例では、現金輸送を無くし年間8兆円の運用コストセービングを使った新しい取り組みを進めるメリットよりも、現金輸送車による現金の流通コストを持続したままの前提で、「導入コストがかかりすぎる」「導入時の業務が複雑すぎる」といった行動を起こさない理由ばかりに目がいっています。

さらに、テクノロジー音痴も相俟《あいま》って、データを使おうという発想はもとより、データを取ることすらしていません。いつまでも紙やファックスでやり取りしていても誰も不思議に思いません。政府が主導している国のデジタル化の取り組みで、まず「脱ハンコ」に象徴される紙文化の廃止さえ他国と比べて遅いというのがこの国の現実です。

サイエンスが欠けていても日本の社会はこれまでうまく回ってきました。なぜでしょうか。これまでは日本に本来備わっている強みであった暗黙知を限られた同質なメンバー間で共有しゆっくりと熟成し、あうんの呼吸で仕事ができたからです。しかしそんな環境はもうありません。内輪の暗黙知に過度に依拠していることがサイエンスを遠ざけています。

日本はモノ作りが優先される工業生産力モデルの産業構造の上に成長を遂げてきました。モノ作りでは「三現主義」が大切にされます。これは「現場」で「現物」を見た上で「現実」的に考えていこうという姿勢であり、起きている目の前の状況に対応するものです。

このような状況対応型の方法論において論理は必要とされません。事象の本質を突き詰めようとするスタンスは実は同じです。徹底的に体で感じ、直観で本質を摑《つか》んでいく高度な方法論です。目の前で起きている実際の事象を鋭い洞察力のある目で見て、どうするのかを即座に検討し試行錯誤していく職人的な技です。

もちろん、**この三現主義にはプラスの側面もありますし、日本の高度成長を支えてきた**

柔軟性や俊敏性を生み出し、メカニカルな完璧《かんぺき》主義の大前提になった強みでもあります。
しかし今主流のデジタルテクノロジーは目には見えませんし、現場だけでは対応しきれないほどにスピードが要求され、世界の知を瞬時に集めて進化させられます。そもそも、社会全体も三現主義や暗黙知が強みを発揮した工業生産力中心社会ではなくなっています。モノからコトへと言われるように、モノの良さではなく、体験価値が求められる世の中へと、パラダイムはとっくに転換してしまっており、理念を持ってビジネスモデルイノベーションを起こし、世界のしくみやシステムを変えていく競争の時代です。

その中で、「現場で現物を見ないと分からない」という状態のままで止まっていることが問題です。抽象的な概念を構築し、構想力を発揮できなければ、ますますガラパゴス化してしまうことになります。モノ作りの時代の三現主義で満足している間に、日本人はデータを取ること、データを分析すること、データを使って論理的に説得していくことが苦手になってしまったのではないでしょうか。

いまだに暗黙知にまとわりつく場の雰囲気や力関係、序列や今までの慣習など、非合理で理不尽な「しがらみ」でものごとが決まってしまうのもうなずけます。

空気を察して、言いたいことも言わずに状況に合わせることを良しとしてしまえば、いつまでたっても時代遅れのやり方から抜け出せません。サイエンスとは、理念に照らして、目的を明確にし、そこに照準を合わせて、理性的に現状を変革していくことでもあるのです。不条理をそのままにしない精神性とも言えるでしょう。

自分のことを算数嫌いや理科嫌いだと考えている方は大勢いらっしゃるようです。論理的に物事を考える習慣を社会全体として育ててこなかったために、このような苦手意識が生まれているとも考えられます。

ただ、**リスキリングの軸として掲げているサイエンスとは、数学や理科だけを指しているのではありません。論理的に考える思考、データをもとにした判断、仮説を打ち立てる構想力、シミュレーションする力、出てきた結果を客観的に考察する判断といったものを身につけていただきたい**と思います。

世の中は分からないことだらけです。サイエンスマインドを身につけたからといって分からないことが分かるようになるわけではありません。しかし分からないままにそこで諦《あきら》めてしまうのではなく、データや数字を積み上げて答えを出そうとすること、それでもわからないことは論理的に仮説を打ち立てること、そしてその仮説を検証すること、これこそがサイエンスの思考法です。分からないことを分かろうとして一歩前へ出る勇気を持ちましょう。そのような過程を楽しめることができるようになれば、これほど大きな強みはないでしょう。

サイエンスマインドの身につけ方

1 データサイエンスマインドを身につける

データサイエンスマインドとはデータをしっかり見て必要な分析ツールを使い、常識や認知バイアスにとらわれずに物事を判断していく姿勢です。

本書ではサイエンスをベースに論理的な考え方をしていくマインドとしましょう。

そこで基本になるのが、まずデータで確かめるという習慣です。接した情報を数字で確かめる癖をつけてください。データの裏付けを取らないままに情報を鵜呑《うの》みにすると、認知バイアスに引きずられて誤った恐怖感を抱くかもしれません。

たとえば自動車事故と飛行機事故での死亡確率を考えたとき、なんとなく飛行機の方が危なそうに感じられます。しかし、統計の処理の仕方にもよりますが、ある期間の延べ移動距離に対する死者の比率を比較すると実際は逆だと言われています。前提や環境が全く違うにもかかわらず、言い伝えや過去の衝撃的な事実が、私たちの認知に影響してしまうことはよくあるのです。

またメディアもそれに引きずられる傾向がありますし、いい加減な発言をしている評論家や専門家や政治家にも騙《だま》されてしまいます。

「暴力的なゲームが影響して少年犯罪が増えている」「活字離れで読書をする人が減っている」「最近はキレる高齢者の比率が高まっている」など、わかりやすいが間違っている例としてよく挙げられます。

また「アリゾナ効果」といった一見もっともらしいが実は誤りというのもあります。アリゾナとはアメリカのアリゾナ州のことであり、有名なグランドキャニオンや砂漠が広がる乾燥した暖かい州ですが、その州では結核で死亡する人の数が非常に多くなっているのです。結核患者にとっては良い気候のはずのアリゾナ州の結核死亡者数が他のもっと寒い州より多く、その統計だけを見ると「結核死亡者は乾換した暖かい地域に多い」といった結論を出しかねません。

これはもちろん間違いで、結核患者にとって気候のよいアリゾナゆえに、結核療養所などが多く、死亡者も多くなっているだけです。**サイエンスマインドとはこのように一見もっともらしいことを疑う心なのです。**

最近ではSNSの利用が進んだ結果、「フィルターバブル」（レコメンデーションされるニュースや記事ばかり見ていて発想が固まってしまう）や「エコーチェンバー現象」（同じような考えの人同士が固まってSNSで共感しあうことで他のグループの意見を受け付けなかったり攻撃したりする）なども起きてきて、社会の分断に拍車をかけています。

これらもやはり事実を広くみてきちんと把握しない習慣によるものといえます。数字を確かめることで、事実をきちんと認識し、惑わされないことは、ネット社会でありかつ瞬時に判断が求められるスピード社会であるがゆえになおさら重要になっています。

同様に、統計学的な考え方も重要です。

世の中にはいろいろな調査が出回っていますが、母集団や指標の取り方1つで異なる結果になる、という認識が必要です。

就職率や失業率、食料自給率、貧困率などを調べてみると、通常想定する定義とは違うことが多々あります。センセーショナルな見出しや数字だけで判断せず、定義にさかのぼる癖が大切です。また、調査結果の全体の総括だけではなく、個別の項目に目を向ける必要もあるでしょう。

例えば、スイスの国際経営開発研究所（IMD）では世界デジタル競争力ランキングを発表しており、その中で日本のランキングが低下していることが指摘されています。「日本は29位に低下」という情報だけでがっかりしたり諦めたりするのではなく、どのような分野でどのような評価手法が採用されているのかを調べてみると、具体的に何が弱いのかを掘り下げ、対策を考えることができます。

ちなみにこのIMDのランキングでは、デジタル技術の活用を知識、技術、未来への備えの3点から評価し、その下に9つのサブセクターと54の小項目が設けられています。エクササイズとして、実際の一次データを一度自分自身の目で確かめてください。

AIについても毛嫌いせずに学びましょう。これは、プログラミングのスキルを習得してください、と提案しているわけではありません。AIとは何か、どのように動くのか、

といった基本的な理解を身につけるということです。ＡＩの本質や機能を理解した上でなければ、ＡＩを活用して何を実現したいのかという発想は生まれてきません。

このような分野に親しむこともデータサイエンスマインドを育むことにつながるでしょう。その意味では真剣にＡＩの勉強をする（または諦めて放棄してしまう）のではなく、仕組みを知ってどう活用するかを考えるのも立派なサイエンスマインドです。野口竜司氏の著書である『文系ＡＩ人材になる』（東洋経済新報社）は、プログラミングまでは薦めていませんが、活用方法を知ってアイデアを出していく勇気が生まれるのでおすすめです。

食わず嫌いせずに数字やデータに親しむこと、「本当かな？」と考えて根拠を探すことがデータサイエンスマインドの基本です。

「本当かな？」と思う癖は日々のニュースで鍛えられます。

たとえば、「博士号を取得しても就職先がなくて日本の知識力や技術力の将来が危ぶまれる」という記事があったとき。確かにその通りだと思いますが、そこで「そうだそうだ」で終わってしまうのではなく、「でも成功した人もいるのでは？　その人たちとの違いは？博士課程以外に日本の知識力や技術力を鍛える方策は？」などと考えを広げてみてはどうでしょうか？

また「欧米は進んでいる」と対比される場合が多いですが、「欧米での課題はないのだろうか？」と疑問を持つことも事実を調べるきっかけになります。

2 論理思考を磨く

論理思考（ロジカルシンキング）の手法としては、ピラミッドストラクチャー、MECE（Mutually Exclusive and Collectively Exhaustive：漏れなくダブりなく）、フレームワーク思考の3つが代表的なものです。

いずれも論理分析的にものごとを区分けして考えていく筋道を示します。まずはこのような手法に親しみ、自分が何かの計画を立てる際に当てはめてみましょう。

批判的思考（クリティカルシンキング）も重要です。

何かの情報に接した時に、前提は何か、隠れている事実はないのかを批判的に考えていくことです。当たり前だと考えられるようなことでも、「なぜこの人はこういう発言をしているのだろう」「なぜこの制度は変わらないのだろう」と一度立ち止まって考える癖をつけてください。

論理思考や批判的思考を鍛えるのにもニュースが使えます。1つのやり方をご紹介しましょう。例えば次のような記事があったとします。読者のあなたはこの記事に対して、どんな質問を投げられますか？　質問とは、定義はなにか？　どのように問題全体を把握し、どの部分の話をしているのか？　出ている数字以外はどうなっているのか？　対策はそれだけか？　などの論理思考の3つの切り口を通して質問を作るのです。

「マグロのなかでも最高級のクロマグロは近年、太平洋でずっと減り続けている。この貴重な資源を守る国際機関の小委員会が、3歳以下の未成魚の漁獲量を来年は15％以上減らすことで合意した」

●質問例

- 他の魚も同じようではないのか？　マグロ以外は考えなくていいのか？
- 近年とは？　どのような変化が何年の間に起きているのか？　その理由は？
- 国際機関の小委員会の構成国は？　どういう力関係や利害関係か？
- なぜ3歳以下の未成魚だけか？　そもそも3歳以下とはどうやって測るのか？
- 来年、15％以上減らすだけでいいのか？　その根拠は？　今後は？

論理思考のエクササイズとして、フェルミ推定を実践するのも面白いでしょう。フェルミ推定とは、一見すると分からなさそう、調べられなさそうなことを論理的に推定してざっくりした答えを引き出そうとするものです。

代表的なフェルミ推定の問いには、「日本全国にある電信柱の数は？」「全国で1年間に使用されるトイレットペーパーの数は？」といったものがよく挙げられます。グーグルが採用試験でつかったことで有名になりましたが、昨今では日本でも学生の就職活動の選考に取り入れられるようになっています。

では、フェルミ推定を使って「日本全国の電信柱の数」の答えをどのように論理的に導き出せるでしょうか。論理の筋道をご紹介しましょう。東京と大阪の間の距離は400～500㎞ぐらいと見積もれたとします。

そうすると東京から新潟の距離は300㎞ぐらいでしょうか。東京・大阪の距離から縦の長さ、東京・新潟の距離から横の長さを推定し、日本の全体の面積を長方形と見立てます。

さて一方で、自分の住んでいる地域には自宅の周りを見渡すと100平方メートル当たりで何本ぐらいの電柱がありそうか考えます。さらに都会と田舎では面積当たりの数も当然違うでしょうから、田舎の100平方メートル当たりの本数をエイヤッと推定。

ざっくり日本全体に占める都会と田舎の比率、これもエイヤッと推定。ここまでくれば、もう計算できますね……このように推定を重ねていくと一見、難しくて分からなそうな問いにでも答えがおぼろげに見えてきます。

突き詰めて精緻《せいち》化した数字を出すこともサイエンス的には重要ですが、まったく予想もつかないことでも諦めずに、知的ファイティングスピリットを持って自分の頭で考えるという姿勢も大切になります。このようなフェルミ推定のエクササイズはサイエンスの地頭を鍛えていく訓練になり、やってみると大変楽しいです。『地頭力を鍛える　問題解決に活かす「フェルミ推定」』(東洋経済新報社)や『「具体⇅抽象」トレーニング　思考力が飛躍的にアップする29問』(PHPビジネス新書)の著者でこの分野の第一人者であるコンサルタントの細谷功氏は、フェルミ推定は論理思考が重要であって、答えは気にしなくていい。正解の倍から半分の間にはまっていればいいので、諦めずにとにかく論理的に迫っていくことが大切だと指摘しています。

房はビジネスでまさにこのフェルミ推定を実践しました。「お金が完全にデジタル化された将来、世界中のすべての人がデジタル通貨を利用し、現物の紙幣やコインが存在しなくなります。その際、あらゆる通貨を個別に識別するために通し番号が必要になりますが、その通し番号はいくつ必要になるでしょうか」。これは房が実際に考えて自分なりの答えを導き出した問いです。みなさんならどのように考えて、どのような答えを引き出しますか？

3 デジタルマーケティングや行動経済学の知見を活用する

ビジネスではデータアナリティクスがフル活用されています。
この商品が売れる季節、気温、状況、場所は何か、この人は今までどのような商品を買ってきたのか、この商品を購入した人は次に何を購入する傾向があるか……あらゆることがデータとして収集され分析されています。

今までのように人間の行動を〝クリエイティブな〟人が直観や感性で判断するのではなく、データにもとづいて判断し、それをマーケティングに活かしていくのがデジタルマーケティングです。データを活用したマーケティングがどれほど進んでいるのか、書籍やネットで学んでみてください。まとめサイトもすぐに見つかります。

行動経済学に関する基礎知識を身につけることも重要でしょう。心理学と経済学を組み合わせて、人間というものは合理的な意思決定を下す存在ではなく、ついつい非合理な判断を下したり行動をとってしまったりする存在である、と捉えるのが行動経済学の考え方です。

夏休みの宿題を先延ばしにする、ダイエット中なのにケーキを食べてしまう、といった合理的に考えると一見メリットや目標に矛盾する行動について説明することができます。

これをマーケティングに応用したり、行動変容、意思決定に応用することを意識することで、単なる直観頼みではなく、論理的に考えて意思決定する習慣が身につきます。ダニエル・カーネマンが著した『ファスト&スロー』(ハヤカワ文庫NF)は一読されることをおすすめします。

消費者として日常的に何気なくやっていることが、実は行動経済学に基づいて誘導されている結果である、ということがままあることに気づかれることでしょう。

「ナッジ」という行動経済学の考え方についても調べると面白いでしょう。「ナッジ」とは、肘《ひじ》でつつく、そっと後押しする、といった意味で、相手がこちら側にとって望ましい行動を自発的に取るように相手を促す、という考え方です。有名な例では、男性用小便器の中心にハエの絵を描いたところ、便器周りへの尿はねが減った、というものがあります。

このナッジの理論もさまざまな場面に応用されています。例えば、駐車場の路面に進路を示す矢印を描くと、矢印がない場合よりも車の流れがスムーズになります。何かの同意を取る際に、「賛同する人は丸印を付けてください」と書くよりも、「賛同しない人は丸印を付けてください」としたほうが賛同する人の割合が高まります。

自分がどのように誘導されているのか、その誘導のロジックは何か、といったことを知るのは興味深いものです。

多くの人にとってはデジタルマーケティングや行動経済学は自分が実践する側ではなく、その影響を受ける側でしょう。それを面白がってください。そういう習慣が大事なのです。「なぜ？　どうして？　どうして？」といった疑問を持つことはサイエンスの基本だからです。「なぜ？どうして？」とは私たちが皆子供のころに持っていたマインドなのです。そのころを思い出し、人間の行動や判断を科学的に考える研究に親しんでリスキリングしましょう。子供のころの好奇心をシステム思考や論理思考で再活性化できます。

自分自身の行動も含めて人間の行動を考える興味深い領域ですので、ぜひいろいろな本から学んでください。

4　7つの知性と6ゲン主義を身につける

論理的な視点を持つサイエンスマインドとあわせて、多角的な視点を持つこともサイエンスマインドには欠かせません。物事を見たり判断したりする際に、自分の中に多様なアングルを持っておくことで、一面的に判断したり、自分の得意分野だけで決めつけたりするサイエンス的ではない行動を抑制できるほか、より多くの共感を得られる知的な説得力にもつながります。

そのためのフレームワークとして、多摩大学大学院の田坂広志名誉教授が提唱している「7つの知性」をご紹介しましょう。田坂氏が唱える7つの知性とは、「思想、ビジョン、志、戦略、戦術、技術、人間力」のことです。

思想やビジョンといった抽象度の高い高次元のものから、どろどろした人間関係にまつわる人間力まで、7つのさまざまな段階で物事を捉えていきましょう、という考え方です。例えば商品やサービスのマーケティングや営業といった「戦略」や「戦術」の話はよく行われますが、その商品やサービスに関するユニークな「技術」についてはエンジニアにお任せの一方で、世界を変えたいという「志」も薄っぺらだったりします。

さらにはそうした商品やサービスが必然となる哲学的考察や物事の真理（「思想」）や時代認識（「ビジョン」）にまで言及できれば骨太な信頼感を得られます。このように、この7つの段階を多層的に縦横に使って考えていける知性があれば物事を冷静に見極められ、忖度やしがらみではなく、自分なりの論理を構築して是々非々で動けるでしょう。

以下は、著者2人が自分たちの組織を立ち上げる際の考えを「7つの知性」でまとめたものです。

《コラム：著者2人の「7つの知性」》

徳岡ライフシフト社設立

・思想（普遍的な考え方）
人間はいつまでも肉体的・精神的にも健全であるためには自らの意思でウェルビーイングを追求していくことが重要である。

・ビジョン（時代認識）

人生100年時代を迎え、ますます元気なシニアが増えてくるが、定年後も社会を元気づける存在であり続けられるかが個人のウェルビーイングとしても、日本社会の再活性化としても問われている。

・**志（自分の目指したい方向）**

日本の現状を考えると、ミドル・シニアがイノベーションを牽引《けんいん》する当事者意識をもって活躍し続ける世の中を創りたい。

・**戦略（中長期）**

「キャリア自律×イノベーターシップ＝ライフシフト」という生き方を多摩大学大学院と連携したライフシフト大学を通じて広めていく。

・**戦術（短期）**

より多くのミドル・シニアを巻き込むために企業内ライフシフト大学も設立していく。

・**技術（コアスキル）**

ひとりひとりの自己認識を容易にし未来を描いてもらえるAIを活用したライフシフトのためのツールキットであるライフシフトナビを整備する。

・**人間力（担う人材）**

人生の深みを持って定年を迎える中で、ミドル・シニアのライフシフトを応援したい方々を迎えて、ライフシフトネットワークを形成していく。

房GVE設立

・思想（普遍的な考え方）

世界に10億人以上の銀行口座を持っていない人々に銀行口座を持ってもらうことで、彼らの生活水準を劇的に上げることが正義である。

・ビジョン（時代認識）

スマホ保有率が2030年には100%を超える。そのためスマホ保有者全てにデジタル銀行口座を与えることが可能になる時代が来る。

・志（自分の目指したい方向）

国連や世銀が提唱するフィナンシャル・インクルージョン（全ての人に銀行口座を）という目標について、安全に安価で発展途上国に提供する。

・戦略（中長期）

量子コンピューターの発達と共に、現在のサイバーセキュリティの方法では不十分となる。量子コンピューターを使ったハッキングに対して十分なセキュリティを備えた広い範囲での特許（基本特許）を取得。２０４０年まで、セキュリティプラットフォームを合法的に独占できる権利を取得。

・**戦術（短期）**

２０２０年のＧ20で、処理スピードが遅く、値段が高く、透明性がないと非難されたＳＷＩＦＴがロシア締め出しで有名になったので、ＳＷＩＦＴとのスピードとコストとセキュリティの比較で自社サービスの優位性を説明。

・**技術（コアスキル）**

セキュリティ思想が優れているのが、誰にでもわかる技術を実装。

・**人間力（担う人材）**

民間や政府の志を共にする方々とオールジャパンスーパースター輸出チームを形成中。

先ほど、「現場・現物・現実」の三現主義には限界が来ていると指摘しました。現場・現物・現実だけを見ていると、現状維持や現状の改善だけに陥ってしまいます。**そこで、この三現主義を超えて、よりサイエンスベースに考える方法論として「原理・原則・原点」を加えた「6ゲン主義」の視点を提案します。**冒頭で書いたように、テクノロジーの時代は理念の時代です。そしてその理念にはサイエンスをベースにした原理・原則・原点が必要です。論理的に考えて本当にあるべき姿は何なのか、今後の時代を捉えると持続可能なのかを自分の発想の中に取り込んでいく必要があるでしょう。

6ゲン主義を身につけるいくつかの方法を提案しましょう。まずはご自身の業務の背後にある学問的知見、法律、歴史(自社、業界、国、技術など)、関連する人物の事績などをよく知ることです。得てして私たちはそういうものは前提として受け継いでしまい、どうやるか(How)にばかり関心を持ちがちですが、なぜそうなのか(Why)をしっかり把握してこそ、原理・原則・原点がわかります。

これは欧米流の理念発想(あるべき論)と日本流の改善発想(対症療法論)の違いとなって表れています。前者は一見遠回りなように見えますが、実は本質的な答えにたどり着くための近道なのです。小手先の対応で後で右往左往するのではなく、歴史の審判が下される時に正しくあれかしと、本質を問いただし、未来の正しさまで視野に入れてしっかりと原則を打ち立てるからです。

コロナ対応で激震が走った病院の中で看護師さんたちは大変な苦労をされたわけですが、そんななか2022年はナイチンゲール生誕200周年だったことを踏まえ、ナイチンゲール生誕200周年を記念して改めて看護師さんの献身と精神性を再確認しモチベーションを維持したのは、JCHO新宿メディカルセンターでした。これは原理・原則・原点に立ち戻った好例でしょう。

欧米諸国の初等教育から高等教育に至るまでの教育にも近いのですが、目の前の問題に取り組む前に、本質やなぜその問題が生じているのか、論点を整理する姿勢を身につけることも重要です。目の前にある問題を「どう解くのか」ではなく、「どう定義するのか」「どう論理的に発展させるのか」と考えていく知的作法です。そのためにはマトリックスで考えることが1つのやり方です。

例としてエネルギー問題への対処を考えてみましょう。それに対処するためには、節約、自然エネルギーへの転換、原発の再稼働などいろいろな打ち手があります。急場をしのぐためにそれらをすべてやる手もありますが、より未来志向で本質を考えるなら、たとえば、

図11:マトリックスで問題を考える例

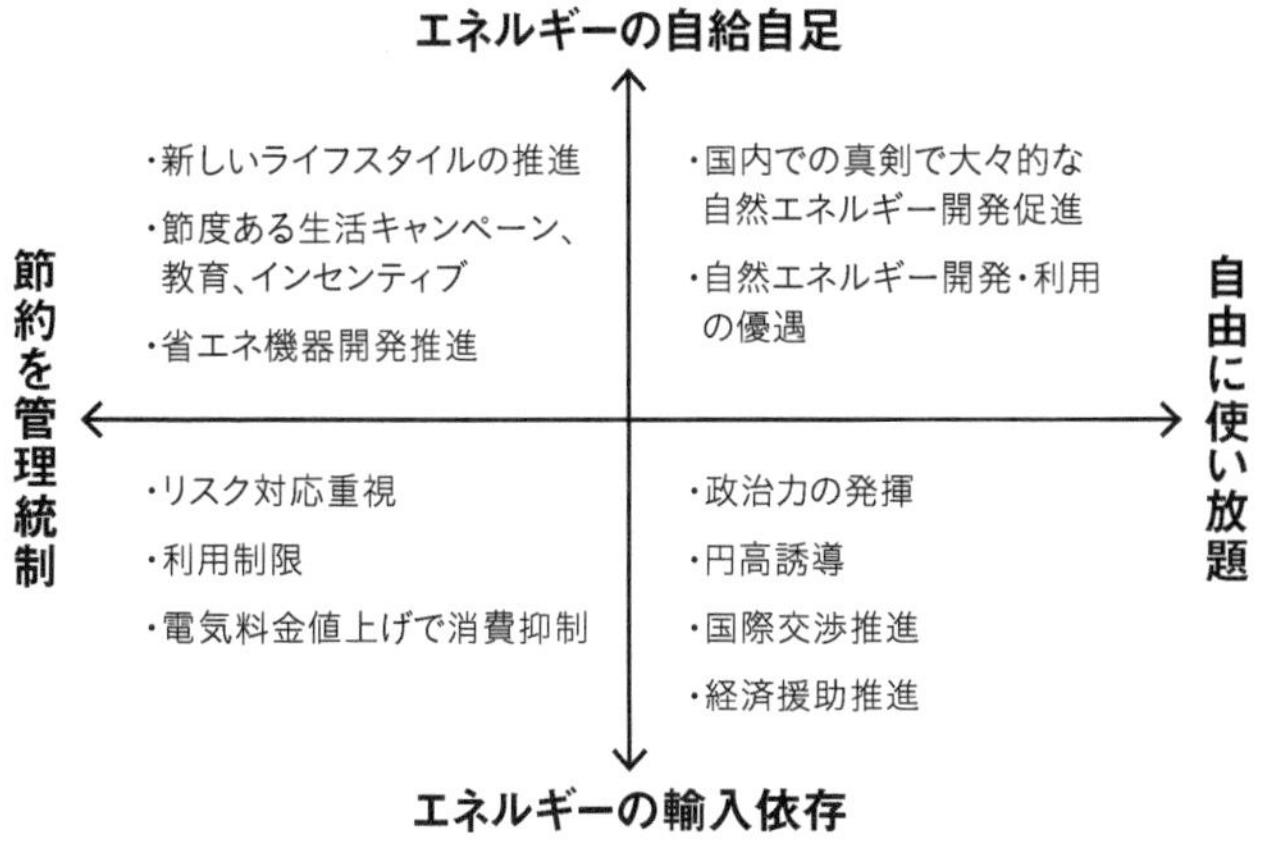

供給サイドとして自給自足か輸入か、使用サイドとして自由・使い放題か、節約・管理かといった2軸のマトリックスを描き、どういう社会が望ましいのかという議論を経て、どの象限を成立させるためには、何をしないといけないのかを考えていく方法があります(図11参照)。

何か問題が起きたときに、すぐマトリックスを描いて頭の体操をしてみる習慣をリスキリングしてください。 リモートワークを推進すべきかどうかについて問われたら、どんなマトリックスを書きますか? 例えばイノベーション(斬新なイノベーションか漸進的な改善か)とウェルビーイング(個人の重視かつながる幸せか)の2軸はどうでしょうか? ありたい象限とやっていること(象限を実現するための行動)がマッチしているかを確認でき、本質的な（ありたい象限に見合った）ことが実践できているかを確認できます。

またハーバード大学の哲学の教授であるマイケル・サンデル氏が行うような「対話」も重要です。

リバタリアニズム（自由主義、個人主義）、コミュニタリアニズム（共同体主義）、ユーティリタリアニズム（功利主義）などの哲学の基本的な考え方を軸にして、それぞれの主張を対比させ対話を通じて、原理・原則・原点を確認し合って、進むべき方向を設定していくのです。ある提案を「それが個人の自由を最大限尊重しているからだ」「それが世の中をよくする一番いい方法だからだ」「それが一番儲《もう》かるからだ」といった具合に対応しますが、それぞれ一理あるわけで、皆の論点の溝を埋めて共通認識を持つことで対症療法ではない骨太な方向が見出せます。

そのためには、こうした哲学・正義に関する知見のリスキリングと、皆の対話を促し収束させていくファシリテーションスキルの習得が重要です。ファシリテーションに関しては『問いのデザイン　創造的対話のファシリテーション』（安斎勇樹、塩瀬隆之著、学芸出版社）が参考になります。またマイケル・サンデル教授のＴＥＤトークもご参照ください。

5 新規プロジェクトに応募しよう

サイエンスマインドを育てていくためには、インプットだけではなくアウトプットも大切です。知識を身につけていろいろ知っていても、自分でそれを文章に表現できますか？徳岡が教授を務めている多摩大学大学院のMBAコースには優秀なビジネスパーソンが集まっていますが、そのような方々でも何かまとまった主張を体系立てて論証する形で書くという経験はあまりないようです。

社内文書や提案書、パワーポイントの資料の作成といったアウトプットは日常的にやっていても、大半の方は仮説を立てて論証していくという論文の執筆は経験がないのではないでしょうか。身につけた知識や自分の知見を論理立てて書くことはサイエンス発想にとって非常に重要です。今まで述べたようなサイエンスの知見やスキルを学んだ上で、ぜひとも書くということを自分から追求していってください。

そのための1つの作法は新規プロジェクトや課題解決の提案を自分の個人的論文としてまとめてみることです。社内でそういう企画を募集する企業もあるでしょう。そのような呼びかけにまず応募してみることをおすすめします。ない場合は、自分なりの問題意識で

テーマを設定して書いてみましょう。書くのは自由ですから。

例えば新規プロジェクトや新規事業の提案の場合、まずは、今の時代の流れを自分なりに検討した上で、自社のあるべき姿や将来のビジネスモデル、未来を構想する力が求められます。発想を飛ばしていくだけではなく、論理的にその発想を裏づけていくトレーニングになります。

また、考え出した新規プロジェクトや新規事業の提案について、周囲の人に納得してもらい賛同を得ていくために、筋道を説明するロジカルコミュニケーションの力も求められます。具体的に進めていくためにはどのような障壁を乗り越える必要があるのか、自社の置かれた環境にはどのようなしがらみや制約があるのかといったことを分析し、具体的に解決策を提案していく必要があります。

先ほどご紹介した「7つの知性」で言うと、思想、ビジョン、志、戦略、戦術、技術、人間力のすべてを駆使して何かを書くことにつながります。また6ゲン主義で、解決策のベースとなる原理・原則・原点は何かを突き詰めましょう。

ぜひ自主論文作成にトライしてみてください。『イシューからはじめよ　知的生産の「シンプルな本質」』（安宅和人著、英治出版）が参考になります。

第6章

「セキュリティ」を身につける
～自分の土俵を創り、守る力～

世界経済のパラダイムシフト

本書では「4つのS」を軸にしたリスキリングを提唱しています。今まで取り上げてきたシナリオ、スピード、サイエンスという3つのSは、長年にわたって日本の企業や社会が抱えてきた問題だともいえます。

本書ではそれを再度グローバルでも勝負できるレジリエンス力の視点から捉《とら》え直し、未来にむけて武装すべきスキルとして必要なものを整理してきました。

ところがセキュリティという最後のSは、日本にとっても世界にとっても、最近になって特に重要性に対する注目が高まってきている問題です。

もちろん、国防や安全保障といった観点のセキュリティの重要性は従来から論じられてきたことですが、ここにきて、ビジネスの観点からセキュリティに対する注目が急速に高まってきているというのが大きな変化です。

この意味で、日本のビジネスパーソンのリスキリングのテーマとして、セキュリティについて今学んでおかなければ世界の動きからさらに大きく遅れることになってしまうでしょう。また逆にしっかり学ぶことで世界と同じ立ち位置で勝負できる可能性もあります。
セキュリティに対する注目が高まっている理由として、世界の枠組みが大きく変わってきていることと、地政学リスクが高まっていることを指摘できます。

世界の枠組みが変わっているというのはどのようなことでしょうか。

これまで一定の前提の下で動いていた世界経済が大きなパラダイムシフトを迎えつつある、ということです。よって、シフトした後の新しい枠組みの中で自分たちを守っていく、さらには、自分たちが生き残って繁栄していけるような枠組みを自らの手で作っていく、という観点からセキュリティが重要になります。

例えば、環境問題やエネルギー問題を考えてみましょう。

今までは、エネルギー効率や環境への負荷といった外部不経済を考慮せずに、経済や利潤最優先で物を生産して消費していました。ところがこの前提、すなわち外部不経済の垂れ流しは構わない、という意識が大きく変わり、地球という大きな視点から環境やエネルギーの問題を捉え直し、共通善（Common good）のために何をやっていくべきかを考えていこう、という動きが世界中で起きています。

その結果、カーボンニュートラルや持続可能なエネルギーが重視されるようになり、地球と人類の未来を守っていこうとする機運がビジネス界でも高まっているのです。

そうした人類共通の利益を国際的な理念として掲げる欧州などが中心となり、その理念実現のために皆で従っていくための共通の枠組み、ルールを創造していく活動が活発になっているのです。企業も個人もそうしたルールに縛られていくことになります。それゆえこのような前提の変化を経た後に、新たにできた枠組みに入ってこないプレイヤーや、そこからはみ出すプレイヤーには、経済的また政治的にペナルティが課されようとしています。

例えば、欧州では2035年までにガソリン車の新車販売が禁止されますが、この新しいルールに従わない自動車メーカーは市場から締め出されることになります。

「地球のため、人類のため」という大きな理念を掲げることで今までのルールの見直しを図っていることになりますが、一方では、大義名分を伴ったルールを出していくことで、ハイブリッド車に強い日本の自動車メーカーは早く対応しないとリスクを抱え込むことになります。

つまり、セキュリティという観点で欧州のガソリン車販売規制を見ると、欧州は市場を守り発展させていくことに成功し、日本は市場から締め出されるかもしれない不利な立場に立たされているといえるわけです。逆にルール形成いかんでは日本の得意技である水素技術をルールの土俵に持ち込み、ピンチをチャンスに変えることができるかもしれません。このように前提の変化とルールの書き換え競争はまさに企業の存続にかかわる企業防衛戦略に直結するのです。

デジタル化もパラダイムシフトを引き起こしています。

5Gやコネクテッドの世界は24時間365日オンラインに接続されている世界です。インターネットは本質的に、誰でも何でもアップロードもダウンロードもできてしまうツールです。

その空間で、どのように情報を移動させるのか、どのようにプライバシーの保護の対象になる自分の情報を守っていくのかといったセキュリティの意識がなければ、いとも簡単に相手に付け入られてしまうことになります。

目に見えない領域のサイバーセキュリティがビジネスにおいても個人の生活においても死活問題になるということです。セキュリティが破られて機能しなくなると、とたんにビジネス活動が正常にできなくなります。個人情報を盗まれてしまうと、自分の財産を失うことになりかねません。攻撃者に対して自分を守る防御がこれまでになく重要になっているのは論を俟《ま》たないでしょう。

2022年11月、マイナンバーカードと健康保険証を一体化させる計画が発表されましたが、この動きはセキュリティの観点からは非常に興味深いものです。

運転免許証もいずれはマイナンバーカードと紐付《ひもづ》けされ、学生証やハローワークカードも紐付けされる見込みです。ところが30年後には、物理的なマイナンバーカードそのものがなくなっていると予想できるのです。情報は安全性の低いカードのICチップに記憶されるのではなく、サーバに保存されるようになります。情報を利用するたびにスマホや何らかのデバイスを使って、本人確認の認証がされ、必要なだけの情報にアクセスすることになります。マイナンバー制度に付随する個人情報に対するセキュリティの仕組みそのものも変わるのです。同じセキュリティという観点、さらに環境に悪いという理由からクレジットカードという物理的なプラスチックのカードも30年後には存在しなくなるでしょう。

こうしたデジタル世界の動きを察知し、いかに早く自社が強みを発揮できる土俵で勝負できるようにシナリオ思考とスピード感をもってビジネスモデルや技術開発を行っていくかが自己防衛に欠かせません。

セキュリティの重要性が高まっているもう1つの理由は、地政学リスクです。ロシアによるウクライナへの侵攻、米中の対立、中国による台湾統一の野心、北朝鮮の動きといった国際政治にからむリスクはそのまま企業活動に大きな影響を与えるリスクになります。地域的な紛争が起きた場合に備えたサプライチェーンの分散化や、事業継続計画（BCP）や人員の退避計画などは企業にとって差し迫った問題になっています。

これまでは経済原理や市場原理が優先され、いかに早く、いかに安く、いかに便利に……といった観点からグローバルな企業活動の網の目を効率重視で最適化して業務を設計することができたわけですが、地政学リスクの高まりを受けてその前提が一気に崩れ去ったということです。

日本はこれまで地政学リスクに対してどちらかというと鈍感なままでも問題なく過ごせました。米国が守ってくれている安全な環境の下、世界のグローバル資本主義のパラダイムも順調に機能している時代背景の中で、経済の発展に注力することができるという非常にラッキーな状況にあったためです。

しかし今はどうでしょうか。北朝鮮が次々とミサイルを発射しています。中国の指導者である習近平国家主席は台湾統一を正式な目標として掲げるようになりました。外の世界から見ると、どちらの状況でも日本はまさに「前線」になります。平時ではなく明らかに有事であるにもかかわらず、この目の前の危機に対して真剣に対応していないように見えるのはまさに「平和ボケ」というよりほかにありません。

地政学リスクは軍事だけの問題ではありません。忘れがちですが、フードセキュリティ（食料安全保障）も地政学リスクに密接に関連することです。

ウクライナ紛争を受けて、小麦の輸出や供給が滞っており、穀物価格が世界的に上昇しています。また、仮に中国との関係がこじれると、日本の食卓事情はすぐさま大打撃を受けることになります。日本のカロリーベースの食料自給率は4割を切っており、食料の6割以上を輸入に頼っていますが、その中で中国製は大きな割合を占めています。

実に、2021年に日本が輸入した野菜の48％、冷凍食品の58％が中国産です。このような状況にもかかわらず、フードセキュリティについて日本ではあまり意識されていないのが現状です。

自国内ではほぼ食料を生産できない中東やシンガポールなどは、このフードセキュリティを真剣に考えて、食料輸出国との融和を図るなどあらゆる手を使って手当をしています。例えば、サウジアラビアは自国内の水資源が枯渇することを見越して、小麦の国内での生産を事実上停止し100％輸入に切り替えることにしました。それに向けて海外への農業投資を拡大し、現地資本と合弁会社を作って自国への供給を確保しようとしています。

サウジアラビアがアフリカやウクライナなどに農地を確保しようと動きだしたことで、食料生産のための「ランドラッシュ」（農地争奪戦）が起きるきっかけになったと言われています。

このようにこれまでの世界の前提が変わってしまい数多くのセキュリティリスクが顕在化しているのです。そこにルール形成が絡み、各国・各企業のさまざまな土俵争奪戦の様相を呈しているわけです。新しい秩序の中で相手より優位に立つ立場を明確にするという意味で、セキュリティはルール形成に落とし込まれるのです。先ほど挙げた欧州のガソリン車販売規制の例にあるように、欧州は「ガソリン車の新車販売禁止」というルールを打ち出して立場を明確にしました。地球の環境問題やよりよい未来という皆が納得できる大義を掲げつつ、ハイブリッドを主軸に自動車開発を続けていた日本の自動車メーカーに対して、欧州市場のセキュリティを確保しようとしているのです。

さて、セキュリティについては、ハードが重要なのか、ソフトが重要なのか、と論じられることがあります。これはどちらも大切です。

さらに、ハードとソフトを融合させた上で、それをどのように運用するかという観点から、オペレーションも大切になる、と指摘しておきましょう。

企業のハッキングの99％以上には内部の協力者がいると言われています。ハードやソフトが完璧《かんぺき》でも、運用面に穴があるとセキュリティは機能しないのです。この3つを一体的に捉えて総合的なセキュリティのレベルを高めていくことが必要になります。

1980年代にIBM産業スパイ事件というものがありました。日本のメーカーの社員が現金と引き換えに新型コンピューターの情報を入手した、とされるものです。この時、容疑者はFBIによるおとり捜査で逮捕されました。IBMとしてはFBIまで巻き込み、おとり捜査まで実施して自社のセキュリティを取り戻したわけですが、ことほどさように

セキュリティとは総合的なものです。

セキュリティに完璧はありません。最高のものができたと思っても、ずっと同じものを使い続けていると必ず破られます。そういう意味でセキュリティはいたちごっこです。こ

れはサイバーの世界のセキュリティにもアナログの世界のセキュリティにも当てはまることです。

ハードまたはソフト、あるいは運用のどこか一部だけを切り取って、「セキュリティの専門家」を名乗っても通用しません。悪いことを考える人は何を考えつくのか、どのように実行しそうなのか、足元に穴はないのか、総合的に先回りして考えていく必要があります。完璧なものを生み出そうとするモノ作りとは異なり、セキュリティはその時代で一番いいものを使いつつ、常に更新し続けていくべきものだといえるでしょう。

本来、セキュリティとは、相手に対する自分の立ち位置を明確にしていく意識の上に生まれます。

孫子の兵法では「彼を知り己を知れば百戦殆《あやう》からず」と説かれています。ところが、「平和ボケ」の日本では、セキュリティを水や空気のように存在していて当たり前のものだと受け止める傾向が強いと言えます。

セキュリティが機能している時にはその重要性があまり認識されず、なくなってはじめてその重要性に気づいて慌てる。常に備わっていることが当たり前だとなんとなく思い込んでおり、実は十分なセキュリティがなかったと判明した時にはすでに何か悪いことが起きている。これが現状ではないでしょうか。

セキュリティマインドの身につけ方

さて、セキュリティを軸にしたリスキリングとはどのような意味でしょうか。ここでも問われるのが「理念」です。世界の枠組みが変わってきていること、そして地政学リスクが高まっていること、このどちらをとってもその中で生き残るためには、**「今後どのような世界を作り上げていくのか」「日本と世界の関係はどうあるべきなのか」といった一貫した理想を掲げることがカギ**になります。それを実現し世界と同時に自分を守り、自分の領域を確保し拡大していくためには、志を同じくする仲間づくりが欠かせません。

よって、どのような世界を作っていきたいのかという長期的な構想を掲げた上で、その理念に賛同してもらってルールを作り上げていくリーダーシップが必要です。「攻撃は最大の防御」と言われているように、自分の強みを攻撃に使っていくこともセキュリティの基盤を作る上では重要です。

理念を掲げて大きな目線で世界を見渡しつつ、足元では自分の強みと弱みを把握すること。この意味で、セキュリティを軸にして自社の立ち位置を見直して、経済以外の領域でしっかりと自己防衛をできる力が求められてきます。そのためには、政治・外交・軍事・文化などを含めた全体知を学びつつ、リスクに備え、チャンスをうかがうしたたかさが企業人にも重要になるのです。そうしたセキュリティ視点でのリスキリングが必要です。今までに取り上げてきた他の3つのSを支える力とも言えるでしょう。

1 自分ごととしてセキュリティを見る

多くの方にとって「セキュリティ」とは、国と国との安全保障や、企業によるサイバーセキュリティ対策といった、自分とは遠い世界のイメージがあるのではないでしょうか。「セキュリティを軸にしたリスキリング」と言われても、それが個人には何を意味するのかはっきりしたイメージはないかもしれません。

まずはそのマインドセットを改めることから始めましょう。

セキュリティに対する認識の足りなさは、そのまま危機意識の不足にもつながります。第1章では時代認識として、デジタル化や安全保障、ルール形成などを身につけ、知識化していきましょう、という提案をしました。このような要素はすべてセキュリティに直結するものであることが分かります。

食料自給率の低さ、大きな地震が起こる確率、クレジットカード会社からの間違った請求、病院システムにランサムウェアが埋められた、パイプラインが何者かによって爆破されたなど、アンテナを立てておけばセキュリティに関するニュースは、毎日と言ってよいほど目にします。即ち、セキュリティという軸を持つことで、セキュリティに関して考える時間が増え、スキルとしてのセキュリティマインドが育つはずなのです。

2 自分の限界を知る

セキュリティマインドを身につける上では、自分には限界があるという認識と、その限界がどこにあるのかを知ることも大切です。

セキュリティを破る目的は、その主体がメリットを得るためです。非現実的な部分でセキュリティが破られることはありません。相手は相手側に利益が出るところを狙ってきます。

ハッキングする、自分に有利なルールを作り出して競争相手を競争から締め出す、このどちらも相手に何らかのメリットがある行為です。自分のどこにセキュリティ上の脅威となる穴があるのか、相手には何がメリットになるのかを考えると、相手が考えることが見えてくるでしょう。

このメリットというのは必ずしも金銭的なものだけではありません。愉快犯や仕返しのための攻撃もあります。

少し前には、北朝鮮に関する風刺コメディ映画を発表したことに対して、ソニー・ピクチャーズエンタテインメントがおそらく北朝鮮と考えられる相手から大規模なサイバー攻撃を受けたということがあります。これは攻撃側にとってはバカにすると仕返しをするぞと脅すというメリットです。または、国や企業の堅固なセキュリティを破ることでサイバーの裏の世界で英雄視されたいという、スポーツの世界のような願望もあるでしょう。

自分の限界を知るという意味では、自分のIDやパスワードといった情報がどれだけ安全ではないのかを実際に確かめてみるとよいでしょう。

漏洩《ろうえい》した情報を検索するサイトが存在しています。例えば、「Have I Been Pwned」「Firefox Monitor」「ノートンダークウェブ モニタリング」といったサイトでは、自分のメールアドレスやIDなどが流出しているかどうかを調べることができます。このようなサイトを覗いてみると、「自分だけは大丈夫」と思っているかもしれないIDやパスワードが現実には漏れていることが分かります。

また、限界を知るという意味では、情報収集に関するスタンスも重要です。

これだけ情報が発達しているにもかかわらず、まったく情報に疎い方々が大勢いるのではないでしょうか？　自分が世界の情勢についてどのような情報を得ているのか？　自分の情報ソースは何かをしっかり意識し、定点観測していくことが重要です。

スマホを握りしめて毎日過ごしている割には、電車の中でもニュースや論説を読んでいる方は少ないように思います。過少情報からくるリスク認識の限界です。一方で、情報は得ているが、偏った情報ばかりに触れる情報偏執というリスク認識の限界も増えています。

SNSやニュースサイトではAIエンジンで読者が見たそうな情報ばかりを送りつけたり、リコメンドしてくるので、知らず知らずのうちに偏った情報ばかりに埋もれてしまい、適正な判断力を喪失してしまいます。これをフィルターバブルといいますが、視野狭窄《きょうさく》に陥ります。またそのように偏った見方の人同士が集まりやすくなるため、意見が反響し合って過激な思想やスタンスに結びついていくようになるのをエコーチェンバー現象といいます。

閉鎖空間に安住することで、リスクを感じにくくなってしまいます。このように情報に関するスタンスを広く、中立にして、多様性を確保しておくことで、セキュリティマインドを鋭敏にしておくことができます。そのためにも第3章のシナリオ思考で挙げた未来を見る3本のアンテナを明確に設定して、自分の情報空間を広げておくことがセキュリティ感度の自己限定を外すことにつながります。

3 批判的思考を働かせる

日本では性善説が好まれています。性悪説を唱えると嫌がられますし、多くの人が特に何の根拠もなく「自分には悪いことは起きないだろう」と思い込みたがる傾向を持っています。

これが「平和ボケ」とよばれる現象につながっていることは否めません。また、何かが起きてもそこから何かの教訓を学び、次の危機に備えようという長期的な思考が生まれてこないのも同じマインドセットが悪さをしています。

今まで述べてきたことですが、日本人は現場で現物を見て現実的にものを考える傾向がありあます。長期的な視野から根本的に問題を突き詰めて本質をあぶりだそうとしないため、自然災害があっても、欧州で戦争が起きていても、徹底的に備えをしようと考えずに、どこか他人事《ひとごと》のように見てしまうのです。そしてそのうちメディアも取り上げなくなり自然消滅。何の準備も進みません。

最悪の事態を考えて平時のあり方を批判的に捉え直し、通常モードではない発想に切り替えることが重要です。

ロシアに侵攻されたウクライナがこれまでのところ果敢に善戦しているのは周知の事実ですが、それを支えているのは２０１４年のロシアによるクリミア半島占領という最悪の事態の後に加速化したデジタル国家構想にあると言われています。東日本大震災や原発事故に直面した日本と違い俊敏に対応したのです。その後２０１９年にデジタル変革省が設立され、28歳のミハイロ・フェドロフ副首相兼デジタル変革大臣が就任。そのビジョンとして次のように述べています。

「戦争前のゼレンスキー大統領と私たちのビジョンは、デジタルで利用可能な公共サービスの観点から世界で最も便利な国を建設することでした。そして私たちの目標は、スマホを2回続けて押すだけでサービスを利用できる政府を作ることでした。それらは、公務員からの関与をできるだけ減らし、半ば自動化されている政府なのです。言い換えれば、私たちは国民が望んでいるように、政府というよりもウーバーのようなサービスを提供しようと考えたのです。」(『デジタル国家ウクライナはロシアに勝利するか?』渡部恒雄ほか著、日経BP社より引用)

このようなクリミア占領を契機にそれをしっかり受け止めて方向転換を素早く図った基盤があったからこそ、ロシアの侵攻にも持ち堪《こた》え国民生活が維持できているのです。最悪の事態を考えてセキュリティを徹底する姿勢は、日本のコロナ対応で見せた国の狼狽ぶりやデジタル庁の遅れとは比較になりませんね。

では、批判的思考を働かせる練習をここでしてみましょう。

今後30年のうちに70~80%の確率で南海トラフ地震が起きるとされています。振り返ると、2011年の東日本大震災では人命や社会インフラ、経済が甚大な被害を残しました。今後の地震の確率と、過去に起きた地震の帰結をあわせて、批判的かつ論理的に考えると、皆さんならどのような対策を講じますか? どのような行動をとりますか? 一度考えてみてください(この問いに対して「そうはいっても、南海トラフ地震は自分には関係ない」と考えた方は、まさに何か起きても忘れてしまう、短期思考を持っているということです)。

ここでは今までに取り上げたシナリオやサイエンスの観点が重要になります。「南海トラフ地震は起きない、自分に関係ない」という非サイエンス的な楽観論を持たないで現実を見ること、その上で、実際に地震が起きたらどうなるのか想像力を働かせることです。今の延長に縛られずに、まったく違った角度から物を考えるという意味では、シナリオ思考を生かすと、セキュリティへの頭の体操にもなるはずです。

4 セキュリティリテラシーを高める

セキュリティマインドを身につけるには、リスク・リターンの計算ができることが前提です。自衛隊の方に、自衛隊と民間の物の見方のどこが違うのかを聞いたことがあります。「自衛隊では、自分の今の行動に対して相手はどのように反応・反撃してくるか予測し、その予想される反応に対して自分はどのような行動を取るのか、といった先の先、そしてさらにその先まで読みます。ここが民間の発想とは違うところでしょう」とその方はおっしゃっていました。

民間企業では、事業戦略にしてもマーケティング戦略にしても、「自社のビジネスモデルありき」で「自社のこれまでの戦略の延長でなにができるのか」ということを中心に考え、反撃を受けた時のことや、どのような相手から反撃がくるのかをあまり想定しておらず、大きくビジネスモデルを変えるとか、リスクを徹底して減らす、相手の出方を封じるといったアクションには進まないのではないでしょうか。何手先まで考えるかというのはセキュリティでは重要な発想です。企業では競争戦略を策定する際にSWOT分析や5Forces分析など、MBA流の経営戦略論を用いたりしますが、机上の空論で終わっているようです。たとえ不都合な真実が出てきても、「そんなことが起きたら大変なことになるから、まず起きないだろう」「そんなことが起きたら大ごとだから、どこかでストップがかかるだろう」という根拠のない楽観論で終わっています。一方でセキュリティに敏感なアマゾンやメタなどは、自社の成長戦略と自社の生存空間の確保を両ににらみで考え、将来競合になりそうな新興企業を自社に取り込んで活用してしまうM&Aを果敢に仕掛けています。IBMやGEもどんどんと自分の事業モデルを変えて長期間生存してきました。

30年前にはエクセレントカンパニーと言われたGEも、3分割を決めました。ヘルスケア、電力、航空への3分割です。これはコングロマリット・ディスカウント（複数の産業を抱える複合企業の価値が、各事業ごとの企業価値の合計よりも小さい状態）と言われるものが顕著になってきたため、敵対的買収のターゲットになる可能性を前もって回避するためです。

いつか自分はやられてしまうかもしれないというセキュリティ感覚を研ぎ澄まし、準備する習慣、すなわちセキュリティリテラシーが欠かせない時代なのです。

セキュリティリテラシー向上のためには地道ですが、まずリスクの所在についての概観を手に入れましょう。世界経済フォーラムが毎年発行しているグローバルリスク報告書をチェックしましょう。２０２２年版では第１位が気候変動への適応の失敗、２位が異常気象、３位が生物多様性の喪失とトップ３は環境問題です。環境規制が厳しくなることが予想されます。

次に企業のルール形成戦略や経済安全保障、サイバーセキュリティ、環境政策やリサイクル・脱プラスチックなどの取り組みに関する事例を研究してください。また企業不祥事の後の第三者委員会の報告書も公表されるので見ておくのも他山の石として有効です。

どのボタンを押したら自分に有利なポジションを築けるのか、どこにリスクがあるのかを分解して戦略的に考える材料になるでしょう。興味を持っていただくための入り口の教材として、ＦＢＩが制作した30分程度の短編映像「The Company Man: Protecting America's Secrets」を視聴されることをおすすめします。

産業スパイの脅威の高まりに対する認知向上を目的に、外国人スパイが米国企業をターゲットにした実際のケースを基に作成されたものです。どこにどのようなリスクが潜んでいるのかわからないということ、スパイが人間の心理に巧みに付け込むことなど、リアルに描かれています。

企業防衛のルール形成という観点では、情報ソースとしてEUや欧州各国、アメリカ議会での立法の動きや中国の政策動向をウォッチしておくことが重要です。どのような議論がなされ、どのようなルールが今後形成されそうなのか。日本メディアはそれらをウォッチできていないという前提で、ぜひ海外メディアに目を凝らしていきましょう。ここ数年では米欧での巨大IT企業への情報管理の規制や気候変動対策のための環境規制やエネルギー問題が特に目立っていました。自社や自分のセキュリティの観点でそれらのニュースを見ていきましょう。

また自分ごととしてセキュリティを捉えるためにはお金を投資に使ってみるのも一案です。個別株や投資信託などに投資することで、自然と株価を通じて、投資家がどのようにリスクやチャンスを捉えているかを学ぶことにつながります。直接的には企業業績なのですが、その背後にあるサプライチェーンに影響を及ぼす地政学リスク、ＥＳＧやＣＳＲに関する企業の対応を通じて社会的リスク、政治状況や大統領選に絡む政策変更に関する政治リスクなどが、気になってくるはずです。さらには、株主として「4つのS」の観点で企業の対応力や能力をチェックするのも企業評価として面白いでしょう。自分のお金が減るのか、増えるのかという緊張感を楽しみつつリスキリングできます。フィナンシャルリテラシーも高まり自分自身の老後の家計のフィナンシャルリスク対策にも役立ちます。

巻末にはこの分野でのおすすめの書籍を紹介しておきました。ルール形成分野の第一人者で現在はライフシフト社で顧問をお願いしている藤井敏彦氏は、「これまで会社とお客様に限定されがちであった視野を社会全体に広げて『社会眼』を養う」ことがセキュリティマインド醸成の第一歩であるとし、「1日30分の時間投資」を勧めています。そのためにはまずセキュリティ分野の読書から。「自社で培ったビジネス力に社会的レバレッジをかける」ことで世界的動向を加味した力に転換できると言います。ぜひ今まで視野になかった世界を覗いてみましょう。

最後になりますが、多摩大学ルール形成戦略研究所客員教授、東京大学先端科学技術センター特任講師であり日本の経済安全保障研究に深く関わる井形彬氏は、さらに踏み込んで世界の動向を常時ウォッチしておくべきとし、フォーリン・アフェアーズ、フォーリン・ポリシー、BBC、ニューヨーク・タイムズ、ワシントン・ポストなどに英語で目を通すことを勧めています。自分の属する産業や企業にどのような影響があるのかを能動的に情報収集する「癖」を身につけるべきであると述べています。重要なテーマであるほど、小技で解決しようとはせず、やはり「急がば回れ」というリスキリングの基本に立ち戻ることが重要なのです。

第7章

人生100年時代を生き抜くために
～世代別のリスキリング方法～

「知的バーバリアン」になろう

本書全体を通して、**「リスキリングはそれ自体が目的ではない。人生のレジリエンスを高め、デジタルを活《い》かし、イノベーションを創出していく力を身につけるという目的のための手段である」**と繰り返し述べてきました。

もちろんこれからの時代、DXの流れに乗り遅れないように、AIやプログラミングといったデジタルのスキルを学ぶことは大切です。

しかし、**「デジタルを活用してどのような未来を創造したいのか」という目的意識があってこそ、このようなデジタルのスキルが生きてくるのです。**この前提に立って、**戦略的なリスキリングを組み立てていくための軸として「4つのS」**を紹介してきました。

「4つのS」についてもう一度おさらいしましょう。

シナリオとは、未来に向けて理念を明確にし、そこからバックキャスティングして今を見つめ直し、今後の道筋を描き出す能力のことです。

スピードとは、その目標に向かって、世界標準のスピードを意識してリーダーシップを発揮し、前に進めていくこと。

サイエンスは、データや論理的な思考をベースにビジネスでの付加価値を見極め、意思決定すること。失敗してもそこから学びながら自分の理念・目標の実現に向けてイノベーションを起こしていくことです。

セキュリティは、自分の立ち位置を明確にし、自分を取り巻く脅威をしっかりと認識した上で、自分の理念・目標を実現していくためのルールを形成し勝っていこうという観点です。

こうして、皆が戦略的なリスキリングを心がけていくことで、日本の経済・社会全体の底上げにつながります。自分だけが変化の時代に生き残って勝っていくのではなく、自分が力をつけることで日本の未来を創っていくのだという気持ちを、皆さんにはぜひ持っていただきたいと思います。

その意味でも、デジタルだけのリスキリングという枠にはまらずに、目的を持ち、未来を構想して、人生を拓《ひら》いていく意志と実行力を持っていただきたいと思います。

人生の理念を掲げた上で「４つのＳ」を軸にリスキリングを組み立てる――このように考え方を整理していくと、リスキリングには終わりがないことが分かります。

ＶＵＣＡという変化の時代、私たちの寿命も延びています。変化に対応すべき期間はどんどん長期化しているのです。次々に新しいことが起き、技術開発が進み、新たなリスクが顕在化します。

その中で、自分の価値観やビジョンに向きあい、知恵を持って変化を乗り切り、ビジネスで勝っていくためには人生全体を通したリスキリングが必要になります。

このように長い人生のなかで常に学び続ける新しい生き方が「終身知創」というものです。変化を見越し、挑戦を受けて立ち、貪欲に学習し、新しい知識を仕入れて活《い》かすという終身知創ができるかどうかが、これからの時代に問われることになるのです。

皆さんには野中郁次郎名誉教授の提唱する「知的バーバリアン」になっていただきたいと思います。バーバリアンとは、野蛮人とか未開人といった意味ですから、知的なことを貪欲《どんよく》にガツガツと求め続け、戦い抜いていただきたい、という思いです。

ＶＵＣＡの時代は、今までになかったリスクが顕在化し、未来の予想すらも難しいような「荒野」です。このような環境を、知性を働かせた上で、「４つのＳ」という武器を身につけてバーバリアンのように野性味を持って乗り越えていこうではありませんか。

「知的バーバリアン」のイメージとしては、歴史上の人物では福沢諭吉、北里柴三郎、渋沢栄一といった人の名前を挙げることができます。もっと時代が下ると本田宗一郎や井深大、盛田昭夫、立石一真といった方々でしょうか。

前者は江戸時代から明治時代に日本が急激に変化していく中で、新しい時代をどのように切り拓いていくのか大きな志を持って取り組んだ人物です。後者は戦後の混乱期に登場し、日本の高度経済成長を引っ張った人物です。単なるリスキリングの前に、未来の社会、その構成要素としてのよい企業・よい組織・よい仕事を創る志こそ重要なのです。

どちらも時代が変化する時に、未来を志向して理念を掲げ、そこに向けて意志の力と実行力を働かせた人たちだと言えるでしょう。現在では、JALを再生した稲盛和夫、ダイキン工業の井上礼之、旭酒造の桜井博志、星野リゾートの星野佳路、和紙作家の堀木エリ子、マザーハウスの山口絵理子、マイクロソフト創業者のビル・ゲイツや、アップル創業者のスティーブ・ジョブズ、マイクロソフトを立て直したサティア・ナデラなどの各氏の名前が想起されるのではないでしょうか。

人生を通じてリスキリングしていくことで、人生のレジリエンスが高まります。ただ、年代やキャリアのレベルに応じて、リスキリングの主眼は少しずつ異なります。

そこで、若手層（20代）、中堅層（30～40代）、ミドル・シニア層（40代後半・50代以降）の3つに分けて、リスキリングを組み立てる際に何に重点を置くべきか考えていきましょう。

武道や芸道には修行の過程において、師弟関係に**「守・破・離」**という段階があると言われています。

「守」は師の教えを素直に守り、基本的な型をじっくりと身につけていくこと。

「破」は型を身につけた上で、他の流派も研究した上で良い物を取り入れ、自分に合ったより良い型を作り、心技を発展させていくこと。

「離」とは、型から離れ、独自の新しいものを生み出し一流を編み出すことです。

人生を通したリスキリングにも、この「守・破・離」という段階をあてはめると分かりやすいのではないでしょうか。

「守」のリスキリング：若手層（20代）

リンダ・グラットン氏とアンドリュー・スコット氏の『ライフ・シフト』では、エクスプローラー、インディペンデント・プロデューサー、ポートフォリオ・ワーカーという3つの生き方のパターンが示唆されています。

20代の若手はこの中で、エクスプローラーをイメージすると分かりやすいでしょう。次々にいろいろなことに挑戦し、選択肢を狭めずに様々な機会を活用してください。自分の肉体的・知的な可動域を広げ、自分の「内なるダイバーシティ」を高めていくのです。

特定の会社や職能や部門といった狭い世界に閉じこもって安住し上司の顔色をうかがいながら言われたことだけやる、それがサラリーマンなのだと思い込まないことです。企業の中では業務や社内政治の経験を積み、社外では豊富な趣味を持ち、人的ネットワークを広げてさまざまな仲間を作って他社や異業種の人とつながってください。多面的な経験を積むことが「内なるダイバーシティ」に欠かせません。固まってしまう前に動く習慣を身につけましょう。

リスキリングという観点では、大学までの学校での学びの習慣を脱して、体験を通じて実践知を学ぶ習慣を身につけていくことが必要になります。学習スタンスのリスキリングともいえるでしょう。大学教育までは教科書や講義を通じた勉強の仕方でした。それが実社会に出て、実体験を通して専門性や知識を蓄え、それを使っていくということが求められるようになるのです。

具体的には、何を学ぶのでしょうか？ **「守・破・離」の「守」の段階で学ぶべきは、豊富な暗黙知です。社会人としての仕事の仕方、会社での業務の進め方といった「作法」的なものから、自分の会社や業界に関する専門知識、過去のやり方や他社のやり方といった、幅広い視点にいたるまで、しっかり吸収していくことが必要です。その中から自分なりの知恵を学び取り、学び方を学ぶというメタナレッジを身につけましょう。**

「4つのS」という軸では、**この年代では特にサイエンスとスピードを意識してください。**「時分の花」という言葉があります。若さゆえの華、強みといった意味です。まだ頭の柔らかいうちに数字やデータ、ロジカルシンキングやクリティカルシンキングに強くなり、論理的にものごとを考える癖をつけましょう。何でもさっと手を付けるというスピード感も、この年代のうちに身につけておくべきことでしょう。スピードを身につけるためにも上司から言われてからやるのではなく、周囲をよく観察し、周りを巻き込みながら率先垂範するリーダーシップの勉強をすることも欠かせません。

この「守」の段階で自分を作っていくためには、最初のキャリアが非常に大切になります。最初に出会う会社、風土、上司からその後のキャリアや生き方に大きな影響を受けることになりますから、型を作り上げる「守」の段階で質の高いもの、志の高い人から影響を受けておくことが重要です。

ただし、**その最初の会社にずっと居残る気持ちではダメです。「守」の後に続く「破」に向けて、発展させていくべき土台を築くつもりでいることが大切です。**

ではどのような会社や職種を選べばいいのでしょうか。「守」の目的に適《かな》ったキャリアを構築できる会社や職種として、いくつかキーワードを挙げることができます。

1つ目は、**ダラダラ残業しない会社、または残業は多くても本当に仕事をしている会社です。**前者の場合、仕事の後に、勉強やネットワーク作りといったさまざまな活動をする時間を持つことができます。若いうちから自己投資のために時間を持てるということです。ただし、残業しないでよい終業後の時間を自分のために活かしていくのだ、という意志や覚悟が必要です。

後者の場合、ダラダラした不毛な残業ではなく、本当に必要な仕事をしているわけですから、スピード感を持って業務のやり方を学び、その仕事で成長していくための訓練になるでしょう。

2つ目のキーワードは**「出入り自由」**です。**中途採用が多い、通年採用している、退職した人が戻ってこられる、といった企業文化のある会社を選ぶとよいでしょう。**

新卒採用の終身雇用を前提にして仕事を選ぶと、どうしてもリスクヘッジが働いて無難な仕事を選んでしまうことになります。企業は永続的な存在ではないと認識した上で、自分のやりたいことをやれる会社、可動域を広げられる会社を選んでください。この意味で、Z世代は転職を前提に最初の会社を選ぶようになっており、企業も中途採用や経験者採用を増やしているなど、時代はこの方向に向かっていると言えるでしょう。

では、若手の就職先としてスタートアップはどうでしょうか。**スタートアップの良いところは、創業者の熱に触れられることです。創業者がどのようなビジョンや価値観を掲げ、どのような未来を切り拓いていこうとしているのか、どのように仲間や賛同者を自分の理念に巻き込んでいるのか、直接自分の目で確かめることができます。サラリーマン社長にはないパッションはその後の生き方に大きく影響を与えてくれます。**

また、企業体として確立していく段階ですので、オールラウンドに何でもやらなくてはいけない、やる必要がある、という状況に自分を追い込むことで、スピード感を持って成長していくことができるでしょう。

徳岡と房の著者2人が、「守」の時代をどのように過ごしたのか実例を少しご紹介しましょう。

徳岡の場合には自動車が大好きで日産に就職したのですが、大変リベラルで自由な風土がその後の自分を決定づけたと思っています。人事の先輩方や工場の現場監督者から多くの暗黙知を学ぶ一方で、海外留学と風土改革プロジェクトでは、それぞれオックスフォードの先生やマッキンゼーのコンサルタントから論理的思考を仕込まれました。帰国後の20代後半は野中教授との出会いがあり、毎週末は知識創造理論の勉強。シャドーワークの楽しさを知り、時間の使い方の「皿回し術」とも言えるような同時併行でいろいろなことをこなす技を身につけました。若さゆえに可動域を広げることができたのでしょう。

房の場合は、当時マーチャントバンクと呼ばれたイギリスのインベストメントバンクに、28歳になる手前で就職しました。当時日本ではなかったM&Aバンカーという英米での花形の職種でした。20代でも大会社の社長に会う機会が多いため、どんな質問に対しても、

2分ほどで、分かり易く説明する能力をつけることを意識しました。また、大多数の同僚が弁護士か公認会計士の資格を持っていたのに対して、差別化をするために、「交渉」のプロになることを意識しました。タイムマネジメントに関しては若いころから神出鬼没のフレキシブルさを磨く努力をしてきました。

「破」のリスキリング：中堅層（30〜40代）

20代のうちに自分の基礎を作り上げたら、中堅層である30〜40代はそれを破って、自分を発展させていく時代です。

自分の専門性や勝ちパターン、独自性を作り上げていくという意味で、物理的に自分で独立して起業することもあるでしょう。企業に残る場合は、社内での自分の立ち位置を明確に作り上げていく時代になります。

仕事に脂がのってくる頃ですから、人脈も広がり、経験の幅や深さも増していることでしょう。自分の興味や関心も広がっているはずです。

実はこの時期にそこで満足してしまう人が多いのです。しかしそれでは失速します。小成に安んじずにいろいろなことに挑戦し続けましょう。さまざまな方面からお誘いの声がかかるのもこの時期ですが、それを断わってしまっては守りの姿勢に入ってしまいます。**せっかくのチャンスだから無意識の自己限定をはずし、何でもどんどん受けよう、という気持ちで自分の領域を広げてください。領域が広がれば広がるほど、また声がかかるようになります。それにもどんどんくらいついていきましょう。**

「4つのS」という観点からは、シナリオやセキュリティの重要性が高まります。

シナリオという軸では、20代で培った様々な経験や知、人脈を通じて未来を展望して何が起きるのか、どこに向かうべきなのかを考えていく姿勢を身につけます。20代では目の前の自社の課題解決に忙しかったと思いますが、30代ではチームに目標設定をする立場でしょう。世界を見渡した時代認識やビジネスや政治の動きをとらえてビジョンを持って、チームを導くことを学びましょう。ビジョンや戦略、企業文化などの未来創造に欠かせないスキルがシナリオ領域でのリスキリングのポイントです。

またセキュリティという軸で欧米のルール形成戦略の実態を学ぶこと、地政学リスクへの対処について勉強会に参加することは経済合理性を超えた視点を身につけ、自分の領域の基盤を固めて攻めと守りを実践していくこと、勝つためのルールを見極める・形成することに役立つでしょう。いずれも、自分の価値を高め、キャリアのレジリエンスを高めていくことにつながります。

こうしたリスキリングを敷衍《ふえん》すると、パイ型ベースを身につけることが重要なことに気づきます。「ライフ・シフト」の分類にあてはめると、ポートフォリオ・ワーカーとなって縦横無尽な力を身につける、ということです。つまり、自分の専門分野を複数持って、それを掛け算していくことで、新しい領域に踏み出し、自分の土俵を明確にしていくことになります。

「営業」×「グローバル」、「経営企画」×「技術」……など、π型の脚はいろいろなパターンが考えられます。脚は2本に限定されません。脚をたくさん持つことで掛け算の幅も広がっていくでしょう。

また、目の前の仕事で見つけてきた課題を解決するために何が必要かも見えてくるでしょう。問題意識を持つことで、目的を持ったリスキリングが可能になります。

具体的にはどのようにリスキリングを実行していくべきでしょうか。2つ提案しましょう。

1つは、それまでの「守」の段階を棚卸しして整理することです。自分が蓄積してきたものを自分なりに形式知化してください。**「自分の強みは、この企業にいるからこそ発揮されるものなのか、この会社の外に行っても戦っていける、通用する武器になっているのか？」「自分の日々の業務はうまくこなせているが、事業全体や業界にかかわる法律や規制環境を理解しているだろうか、日本や世界の最先端の動きを把握しているだろうか」**――このように見直していくことで、知っていると思っていることと実際には知らないことのギャップが見え、何について学んでいくべきなのかがはっきりしてくるでしょう。

もう1つは、新しい分野を身につけるリスキリングです。整理した自分の強みをいっそう活かすために、自分の方向性を考えることになります。**π型ベースを身につけ、ポートフォリオ・ワーカーとしての強みを確立していくためには、自分のどの領域に何を掛け算したらよいのか、そうするとどのようなキャリアを描き出せるのか、デザインしてください。そうすると新しい分野として何を学ぶべきか戦略を立てることができるでしょう。**

演習として、社内プロジェクトや起業計画を作成することをおすすめします。今まで蓄積してきた知見をベースに、市場環境や将来の展望、目の前の問題意識などを考え抜いた上で、自分の会社または自分はどこに向かうべきか、何を実行すべきか考えて計画に落とし込みます。

例えば、社内できちんとやっておくべきなのに後回しになっていることや、上司が気づいていないかもしれない改善点などに目を向け、事業計画を作成することができるでしょう。実際に実行に移せたらこれ以上素晴らしいことはありませんが、私案であってもアウトプットを自分なりにまとめてみる機会を自ら作っていくことが重要です。

自分自身について、今までやってきたことをもう一度よく掘り下げて見つめ直していくことを並行することで、自分の領域だけでは解決できない問題が見つかるはずです。

そのような方向性ややるべきことが明確になると、そこに至るまでのギャップが浮き彫りになるはずです。理想とのギャップを埋めていくことが身の入った本物のリスキリングにつながります。

ポートフォリオ・ワーカーとして縦横無尽に仕事を作り出していく力を身につける上で、興味を持ち続けることと、人脈のネットワークを拡大することにもぜひ意識を向けてください。

中堅になると、ある程度の責任や権限を持っているはずですので、会社の看板を使って人脈を広げたり、新しいところに飛び込んだりできるチャンスもあります。

どんどん新しいことに興味を持ち、興味のある分野を磨いて専門性を高めてください。現時点ではその分野は小さな点にすぎないかもしれませんが、後でその点と点がどのようにつながってくるかは分かりません。人脈を築いておけば、今興味を持っている点がつながってチャンスや選択肢が広がるでしょう。


ここでも、徳岡と房がこの「破」の中堅時代をどのように過ごしたのかご紹介しましょう。

徳岡は日産で培った人事という専門性の上に、コミュニケーションという領域を身につけることでπ型ベースを作っていきました。

日産で人事制度の改革に携わる中で、真に競争力のある企業に変えるには人事評価の仕組みを変えるだけではなく、従業員の意識変革が必要であることに気づきました。

その後、フライシュマン・ヒラードというコミュニケーションのコンサルティング会社に転職し、そこでコミュニケーションのスキルを身につけることができました。人事制度というハードだけではなく、コミュニケーションを通じて1つの方向にまとめていくというソフト面の手法も身につけることができたのです。

これで、「人事」×「コミュニケーション」＝「企業文化の変革」という掛け算になり、専門性を膨らませることができたのです。

房は、父親が数年で亡くなる確率が高いと医者から言われたため、当時イギリス系で最大のインベストメントバンクに30歳で転職し、居住地をロンドンから東京に移しました。

東京では、13年外資系インベストメントバンクで働きました。転職先の外資系の東京事務所は中小企業と同じで、何でもやることができ、34歳から毎年買収・合併を繰り返し、そのたびに社内ポリティクスも上手《うま》くなり、37歳で、1千人いた日本人の中ではトップの役職につくことができました。

そのため、37歳から43歳までは、日本での人脈が広がり、43歳で独立するときには、当時4千社の上場会社のうち、500人のオーナーや社長と会食をする仲にまでなりました。

この時期に、異業種の経営者から、ビジネススクールや本からは学べないケーススタディをたくさん学ぶことができ、STEM思考でビジネスを観る訓練ができたのです。

「離」のリスキリング：ミドル・シニア層（40代後半・50代以降）

ミドル・シニア層になると、いよいよ自分自身で独り立ちし、自分の独自性が試される時期です。

「守・破・離」の考え方では、型から離れて自由になる時であり、自分の新しいやり方を確立していくことになります。**『ライフ・シフト』の中で描かれている「インディペンデント・プロデューサー」として、自分自身をブランドにし、自分の専門性をベースにプロとして自立する姿をイメージすると分かりやすいでしょう。**

究極的には会社に頼らなくても、自分1人でやっていける力をつけていけることが必要です。全員が起業するわけではありませんし、誰もがフリーランサーとして独立するわけではありませんが、社内にあっても、自分の強い分野を確立して価値を生み出し続けられる存在でいたいものです。給料に見合うだけの価値を生み出していると胸を張って言えますか？　終身雇用だから、年功序列だから、という理由ではなく、自分の実力や経験が買われて、他の誰でもない自分だからこそ今のポジションについていると言えますか？

現在ミドル・シニア層に当てはまる方は、実は「4つのS」を軸にしたリスキリングを最も必要としている年代だと言えるでしょう。

バブル期に社会人になり、そのまま平成の失われた30年の間、成長しない日本の中でもがき続けるだけで、特に未来へのスキルを身につけずに、今50代を迎えているという方が多いのではないでしょうか。

人生100年時代、これから20年から30年は現役で働き続けることになります。

今までは学ぶことに背を向けてきたかもしれませんが、**今こそリスキリングに向き合うべきです。**このミドル・シニア層にこそ、**特に「DXは目的ではなく手段だ」と割り切ってしまうのが得だ**と考えます。

DXを手段として使うためには、DXで何を成し遂げたいのかという目的が必要です。過去からの経験の蓄積を踏まえて未来を展望し、さらに皆が悩んでいる課題を把握した上で、何をどのように変革するべきなのか、どの部分にイノベーションを起こしていく必要があるのか、それを指し示せるのはミドル・シニアの経験がものを言います。

DXを動かしていくための社内政治のツボも心得ておられることでしょう。社内に散逸している情報やデータを把握して、それを統合して今後につなげていくように仕立て直していくのにも今までの経験や勘所が役立つでしょう。

ここで大切になるのが**「青銀共創」**という考え方です。これは、台湾のデジタル担当大臣のオードリー・タン氏が広めた言葉です。

新型コロナのパンデミック初期、マスクの在庫状況を知らせるアプリ開発にあたって、若手のエンジニアだけではなく高齢者も巻き込んで、誰にでも使いやすいアプリを開発した、という事例からこの言葉が広がりました。

青（若者）と銀（シニア）の世代間の助け合いを重視し、シニアが価値を生みだす意欲を引き出しつつ、若い人をシニアがうまくサポートして補い合うことで価値創造が可能になる、という考え方です。**ミドル・シニア層には今まで蓄積してきた暗黙知や成功体験、実績といったものが必ずあるはずです。それを活かしつつ、自分が担うべき役割を自覚し、「4つのS」という軸で若手といっしょに戦っていく姿勢が必要になります。**

世代の違う人も巻き込んで、いい未来を残すという利他の気持ち、日本の成長を支えてきた自分のプライド、世界一の現場を創って戦ってきた熱い思いを抑えてしまうことなく、ファイティングスピリットを持ち、一緒になって「4つのS」を軸にイノベーションに向かっていこうとする志が試されるのです。それでこそ有意義な現役時代を長く続けることができ、自分のためだけではなく、広く社会や国のためにもなるということです。

実際に、徳岡のライフシフト社でも房のGVE社でも、「青銀共創」が実現されています。ライフシフト社ではCEOの徳岡は65歳で、COOは30代半ばです。GVEではCEOの房は63歳、共同創業者でチーフセキュリティオフィサーは65歳で設立から5年間は無給で働いており、COOもCTOもCFOも30代前半です。30歳の年齢の違いがあれば、ライバル視をすることはなく、お互いに自分がないものを認め合い、会社の価値を上げるという共通の目標に向かって協力していけることを日々実感しています。

3つの視点転換を

徳岡が理事長を務めるライフシフト大学では、「人生100年・仕事人生80年を見据え、中高年の学び直しの場、人生を豊かにするための視野拡大の他流試合の場を提供」しており、受講生は5カ月にわたって自分を見つめ直すことになります。

同大学で教壇に立つ中で、受講生には共通して3つの視点の転換が起きることが分かってきました。これは、「自分の価値をどこで生み出していくのか」「自分はどこでプレーしていくべきなのか」といった問題意識を持つことから起きる視点転換だと言えます。

1つ目は**「仕事中心」から「ライフ中心」という視点転換です。**それまで、仕事の目的は昇進や昇給、またはシンプルにお給料をもらって家計を支えることだったかもしれません。**それが、視点転換を経ると、人生のシナリオ全体を書いていこうという気持ちになるのです。仕事だけではなく、家族や趣味、副業や昔からやりたかった夢など、人生全体を見据えて自分の生き方を考えるようになります。**

2つ目の視点転換は**「自分のため」から「世のため人のため」です。**ただ生活費を稼ぎ出すために働くのではなく、世の中に価値を生み出したい、次の世代のためにより良い未来を築いていきたい、そのために時間を使っていきたい、という思いが生まれます。**目標設定も自己中心的なものから、利他を大切にしたものへと変わっていきます。**

3つ目は**「社内目線」から「社外目線」**への視点転換です。今まで同じ会社の半径5m以内の人としか付き合ってこなかったため、自分の会社の自分の仕事のことしか知らないのかもしれない、という危機意識から視点の転換が起こります。

会社の中だけで生き残っていくスキルや知識ではなく、会社を卒業した後にも使える人脈や知識を身につけようと考えるようになります。

このような視点転換が起きると、より大きなこと、より先の将来について考えられるようになります。リスキリングにしても「How（どのようにスキルを身につけるか）」ではなく、「Why（何のためにリスキリングが必要なのか）」を考えられるようになるでしょう。**日本人は小さいころから「How」に偏重した暗記教育を受けてきましたが、今こそ学ぶ目的の「Why」にしっかりと目を向けましょう。**

リスキリングについてここまで、年代別に「守・破・離」の段階に応じて、また「エクスプローラー」「インディペンデント・プロデューサー」「ポートフォリオ・ワーカー」の3つの分類で整理してきました。

年齢層に応じた段階や分類に当てはまらなくても全くかまいません。まずは自分が守破離のどこにいるのか、よく考えてください。

既にミドル・シニア層の50代になっているのに、自分にはそれにふさわしいスキルがないと気づいたのであれば、「守」や「破」の段階に立ち戻ってスキルを蓄積し、経験を整理し直していく必要があるでしょう。遅すぎることはありません。人生100年時代なのですから、今リスキリングを始めれば、その強みを活かせる時間はまだまだあります。今か

ら自己投資しても投資回収の時間は十分あるのが人生100年のいいところです。しかし、投資しないと日本経済のような失われた数十年になってしまいます。

逆に若手の20代の方は、寂しいミドル・シニア時代を迎えないために、逆算して、今から備えておく必要があります。

この意味では、**学ぶ意欲が最も大切**だということになります。**「終身知創」の生き方です。**

何歳になってもやる気にさえなれば学ぶことができます。まずは学びたいと思うこと、興味を持つことが必要になります。興味があれば覚えられますし、興味があればもっと学びたいと思うようになるはずです。

「どうやって学べばいいのかわからない」とか、「学ぶための人脈がない」と思っている方には、多摩大学大学院をはじめとする大学院やライフシフト大学はじめ社内外の人たちが集う勉強グループをおすすめします。仕事という利害関係のない中で、同じ問題意識を共有する仲間と勉強すると、高い目的意識を保ち、外の世界に向けた意識を高めることができます。そして先に述べた3つの視点転換が起きるでしょう。

本書では何度も**「何のためのリスキリングか、という目的意識が大切である」**と述べてきました。

その目的意識には時代認識や問題意識が投影されるものです。それが未来への思いとして昇華され、どのような日本の未来を作っていきたいのかというビジョンになり、その理念や価値観に周りの人を巻き込んでイノベーションを起こしていくのです。

そしてこのような目的意識が「4つのS」を駆り立てる原動力になります。

自社の未来だけではなく、地球や環境も視野に入れ、30年後の世界を構想するシナリオ。

デジタルテクノロジーの進化についていき社会にブレーキをかけない覚悟とリーダーシップを発揮するという意味でのスピード。

世界的な学問や研究の動向に興味を持ち、論理的に物事を分析し実行していくサイエンス。

社会の分断や世界の分断などへ対処するしたたかさとしてのセキュリティ。

この「4つのS」を軸に、未来への思いを持ち、そこに向き合っていく意志力や実行力を身につけてください。

人生100年時代に自分の未来を描き、個人として価値を発揮し続けるだけではなく、そのような個人の力で社会全体にもイノベーションを起こし、日本を強くしていく。

これがリスキリングの究極の目的なのです。

あとがき

このところ、「人的資本」という言葉をよく耳にするようになりました。企業として教育費を増やす、副業を推進する、従業員のウェルビーイング・幸福度を高めるために男性の育児休暇率を上げる……といった施策を通じて「人的資本」を向上させる必要がある、という議論です。

この言葉も、単なる「リスキリング」や「DX」といったバズワードと同じく、エッジの立った目的のない総花的で当たり前の提言になってきてしまっています。人にフォーカスが当たること自体は結構なのですが、目的を明確に設定しない癖が出ています。

なぜ企業も個人も、いま人の力を引き上げたいのでしょうか？　それは日本の停滞を打破する知識を創造し、イノベーションを起こしていくためのはずです。

企業として人材教育にお金をかけるのはイノベーションのための手段であって、目的ではありません。リスキリング、ジョブ型、成果主義、人的資本……新しい言葉が出てくるたびに、言葉だけが独り歩きするようなケースが後を絶ちません。「またか」と思わざるを得ません。結局何のためにやっているのかという本質を考える視点が完全に抜け落ちています。

この本では繰り返し、**「何のためのリスキリングか」**について考えてきました。**個人としては、人生のレジリエンスを高め、デジタルという手段を活かし、イノベーションを創出していく力を身につけることがリスキリングの目的です。**

広い目で日本社会全体を見渡すと、日本の底力である組織的知識創造の強みを再構築し、弱みを認識して克服していくこと、つまり社会全体のレジリエンスを高めることがリスキリングの目的です。

本著では「戦略的リスキリング」という言葉を何度も用いてきましたが、これは、何のためのリスキリングなのか、まず本質を考えた上で学び直しに取り組んでいただきたいという思いからです。「何を」リスキリングするのかではなく、**「なぜ」リスキリングが必要なのか、その本質を考える知的姿勢を身につけてください。**

最終章で「知的バーバリアン」という言葉を紹介しました。まさに、イノベーション国家の再興に向けて知的なファイティングスピリットを持ち続け、知を探求し続けてほしいというのが著者たちの願いです。

20代から30代の皆さん、今から20年後や30年後、どのように社会に価値を提供できる人になっていますか？　企業に勤めているのなら、そこでどのような力を発揮していますか？　会社を離れて独立しているのなら、何をやっていますか？　ぜひ、シナリオ思考を持って将来の社会とその中で活躍する自分を思い描いた上でリスキリングに取り組んでください。

著者2人は還暦を過ぎていますが、同級生の多くが再就職したい、仕事を続けたいと異口同音に言っていることに驚かされます。しかし、思うようにいかない人が多いのが現実です。人材を必要とする企業がこれだけ多く存在しているのに、再就職できない還暦以降の世代がこれだけいるというのは、あきらかに需給のミスマッチです。

皆さんがこの歳になった時にそのような状況に陥らないためには、今のうちから備えが必要です。**自分の人生を豊かなものとし、選択肢を増やすことに、真のリスキリングは直結しています。**さらに、日本の未来を作り上げていく、イノベーションを起こしていくという気概を持っていただきたいと思います。**今の会社で副業が認められているのであれば、**

副業は自分を試すよいチャンスだと考えて、どんどん経験してください。学び続ける姿勢を身につけてください。

ミドル・シニアの皆さん、新しいことを始めるのに遅すぎるということはありません。興味さえあれば、新しいスキルを身につけたり、新しいことを学んだりすることはどの年代でも可能です。高齢者も健康で元気でいられる時代です。ぜひ、働き続けて世の中に貢献し続けてください。日本の国を助けるという意味で、いろいろなことに興味を持ってリスキリングに挑戦していただきたいと思います。

房は57歳でGVEを設立しましたが、その時点ではITについて全くの素人でした。それでも学び続けていくうちに、5年経った今ではデジタル化やセキュリティについて、ある程度専門的な立場の人間として講演に呼ばれるようにもなっています。**新しいことに挑戦するのに遅すぎることはない**と自信を持ってお伝えできます。

この本を通して、「4つのS」をリスキリングの軸としてご紹介してきましたが、この軸を使って皆さんひとりひとりが自分なりの「知」のあり方とスキルの更新を模索していただければと思います。

あなたは何に強くなりたいのですか？　どこで勝っていきたいのですか？　あなたの独自の差別化された路線は何ですか？

目的を持ち、未来を構想して人生を切り拓《ひら》いていく意志と実行力を持ちましょう。リスキリングを通じて個人としての力を発揮し続け、さらには日本社会全体を強くしていきましょう。こういった戦略性を自分なりに描いていただきたいと思います。

リスキリングの目的は個人が力を発揮し続けられるようになることです。そして、皆さんひとりひとりがリスキリングを経て力をつけることで、日本にイノベーションが起こり、日本社会全体が強くなっていくのです。

自分のリスキリングが人生を豊かにし、組織の未来、停滞する日本社会の未来を切り拓くことにつながる、なんと心躍ることではありませんか。

2023年1月

徳岡晃一郎
房広治

推薦図書・メディアおよび主要参考文献

〈シナリオ（Scenario）〉

紺野登／野中郁次郎『構想力の方法論』（日経BP／2018）

紺野登『イノベーション全書』（東洋経済新報社／2020）

ピーター・ティール／ブレイク・マスターズ／関美和訳『ゼロ・トゥ・ワン　君はゼロから何を生み出せるか』（NHK出版／2014）

徳岡晃一郎『40代からのライフシフト実践ハンドブック』（東洋経済新報社／2019）

徳岡晃一郎／木村勝『ミドルシニアのための日本版ライフシフト戦略』（WAVE出版／2021）

リンダ・グラットン／アンドリュー・スコット／池村千秋訳『ライフ・シフト　100年時代の人生戦略』（東洋経済新報社／2016）

河合雅司『未来の年表　人口減少日本でこれから起きること』（講談社現代新書／2017）

ユヴァル・ノア・ハラリ／柴田裕之訳『21 Lessons』（河出文庫／2021）

ピーター・ディアマンディス／スティーブン・コトラー／土方奈美訳『2030年：すべてが「加速」する世界に備えよ』（NewsPicksパブリッシング／2020）

劉慈欣／大森望訳／光吉さくら訳／ワン・チャイ訳『三体』（早川書房／2019）

山本康正『2025年を制覇する破壊的企業』（SB新書／2020）

伊藤穰一『テクノロジーが予測する未来　web3、メタバース、NFTで世界はこうなる』（SB新書／2022）

石山恒貴／伊達洋駆『越境学習入門　組織を強くする冒険人材の育て方』（日本能率協会マネジメントセンター／2022）

澤田純『パラコンシステント・ワールド　次世代通信IOWNと描く、生命とITの〈あいだ〉』（NTT出版／2021）

エリック・カロニウス／花塚恵訳『なぜビジョナリーには未来が見えるのか？　成功者たちの思考法を脳科学で解き明か

す』（集英社／2012）

トニー・ワグナー／藤原朝子訳『未来のイノベーターはどう育つのか　子供の可能性を伸ばすもの・つぶすもの』（英治出版／2014）

TOKYO MX「寺島実郎の世界を知る力」

〈スピード（Speed）〉

北岡伸一／野中郁次郎『知徳国家のリーダーシップ』（日本経済新聞出版／2021）

徳岡晃一郎『未来を構想し、現実を変えていく　イノベーターシップ』（東洋経済新報社／2016）

野中郁次郎／川田英樹／川田弓子『野性の経営　極限のリーダーシップが未来を変える』（KADOKAWA／2022）

清水洋『野生化するイノベーション　日本経済「失われた20年」を超える』（新潮選書／2019）

サイモン・シネック／栗木さつき訳『WHYから始めよ！　インスパイア型リーダーはここが違う』（日本経済新聞出版／2012）

バリー・シュワルツ／ケネス・シャープ／小佐田愛子訳『知恵』（アルファポリス／2011）

ジム・コリンズ／ビル・ラジアー／土方奈美訳『ビジョナリー・カンパニーZERO　ゼロから事業を生み出し、偉大で永続的な企業になる』（日経BP／2021）

ハイケ・ブルック／スマントラ・ゴシャール／野田智義訳『アクション・バイアス　自分を変え、組織を動かすためになすべきこと』（東洋経済新報社／2015）

マーク・ベニオフ／モニカ・ラングレー／渡部典子訳『トレイルブレイザー　企業が本気で社会を変える10の思考』（東洋経済新報社／2020）

高野誠鮮『ローマ法王に米を食べさせた男　過疎の村を救ったスーパー公務員は何をしたか？』（講談社＋α新書／2015）

井上達彦／鄭雅方『世界最速ビジネスモデル　中国スタートアップ図鑑』（日経BP／2021）

L・デビッド・マルケ／花塚恵訳『リーダーズ・ランゲージ』（東洋経済新報社／2021）
ロバート・メイ／アラン・エイカーソン／徳岡晃一郎訳『リーダーシップ・コミュニケーション』（ダイヤモンド社／2005）
フィナンシャル・タイムズ、エコノミスト、ニューヨーク・タイムズ、BBC、NewsPicks
Dollar Street (https://gapminder.org/dollar-street)

〈サイエンス（Science）〉

ユヴァル・ノア・ハラリ／柴田裕之訳『サピエンス全史　文明の構造と人類の幸福　上・下』（河出書房新社／2016）
田坂広志『知性を磨く　「スーパージェネラリスト」の時代』（光文社新書／2014）
房広治／徳岡晃一郎『デジタルマネー戦争』（フォレスト2545新書／2021）
谷敏行『アマゾン・メカニズム』（日経BP／2021）
野口竜司『文系AI人材になる　統計・プログラム知識は不要』（東洋経済新報社／2019）
細谷功『地頭力を鍛える　問題解決に活かす「フェルミ推定」』（東洋経済新報社／2007）
細谷功『「具体⇄抽象」トレーニング　思考力が飛躍的にアップする29問』（PHPビジネス新書／2020）
ダニエル・カーネマン／村井章子訳『ファスト&スロー　上・下』（ハヤカワ文庫NF／2014）
ハンス・ロスリング／オーラ・ロスリング／アンナ・ロスリング・ロンランド／上杉周作訳／関美和訳『ファクトフルネス　10の思い込みを乗り越え、データを基に世界を正しく見る習慣』（日経BP／2019）
桜井博志『逆境経営　山奥の地酒「獺祭」を世界に届ける逆転発想法』（ダイヤモンド社／2014）
木村雄治／徳岡晃一郎『しがらみ経営　価値を生み出す「関係性」のマネジメント』（日本経済新聞出版／2017）
中島さおり『哲学する子どもたち　バカロレアの国フランスの教育事情』（河出書房新社／2016）
安斎勇樹／塩瀬隆之『問いのデザイン　創造的対話のファシリテーション』（学芸出版社／2020）

安宅和人『イシューからはじめよ　知的生産の「シンプルな本質」』（英治出版／2010）
マシュー・サイド／有枝春訳『失敗の科学　失敗から学習する組織、学習できない組織』（ディスカヴァー・トゥエンティワン／2016）
マシュー・サイド／トランネット翻訳協力『多様性の科学　画一的で凋落する組織、複数の視点で問題を解決する組織』（ディスカヴァー・トゥエンティワン／2021）

〈セキュリティ（Security）〉

庄司潤一郎編著／石津朋之編著『地政学原論』（日本経済新聞出版／2020）
リチャード・ハース／上原裕美子訳『ザ・ワールド　世界のしくみ』（日本経済新聞出版／2021）
國分俊史『エコノミック・ステイトクラフト　経済安全保障の戦い』（日本経済新聞出版／2020）
國分俊史『経営戦略と経済安保リスク』（日本経済新聞出版／2021）
岩田清文／武居智久／尾上定正／兼原信克『自衛隊最高幹部が語る令和の国防』（新潮新書／2021）
岩田清文／武居智久／尾上定正／兼原信克『自衛隊最高幹部が語る台湾有事』（新潮新書／2022）
渡部恒雄／長島純／熊野英生／田中理／柏村祐『デジタル国家ウクライナはロシアに勝利するか？』（日経BP／2022）
井上久男『サイバースパイが日本を破壊する』（ビジネス社／2021）
藤井敏彦『競争戦略としてのグローバルルール　世界市場で勝つ企業の秘訣』（東洋経済新報社／2012）
多摩大学ルール形成戦略研究所『世界市場で勝つルールメイキング戦略』（朝日新聞出版／2017）
藤井敏彦『サステナビリティ・ミックス　CSR、ESG、SDGs、タクソノミー、次に来るもの』（日科技連出版社／2019）
市川芳明『「ルール」徹底活用型ビジネスモデル入門　SDGs対応を強みに変える』（第一法規／2018）
経済産業省「企業戦略としてのルール形成に向けて」
「The Company Man」https://www.fbi.gov/video-repository/newss-the-company-man-protecting-americas-secrets/view

本書は書き下ろしです

徳岡晃一郎（とくおか こういちろう）

株式会社ライフシフトCEO、多摩大学大学院教授・学長特別補佐。1957年生まれ。日産自動車で人事部門、オックスフォード大学留学、欧州日産などを経て、99年よりフライシュマン・ヒラード・ジャパンにてSVP/パートナー。人事、企業変革、リーダーシップ開発などのコンサルティング・研修に従事。2006年より多摩大学大学院教授を兼務し研究科長などを歴任。「Management by Belief」を一橋大学の野中郁次郎名誉教授らと提唱。17年にライフシフト社を創業しライフシフト大学を開校。著書に『未来を構想し、現実を変えていく イノベーターシップ』、『40代からのライフシフト 実践ハンドブック 80歳まで現役時代の人生戦略』（東洋経済新報社）など。房広治氏との共著に『デジタルマネー戦争』（フォレスト出版）。

房広治（ふさ こうじ）

GVE株式会社CEO、オックスフォード大学特別戦略アドバイザー（小児学部）、アストン大学サイバーセキュリティイノベーションセンター教授。1959年生まれ。英系インベストメントバンクS.G.Warburg社の元M&Aバンカー。当時花形であったインベストメントバンキング部門において、97年に日本でナンバーワン。外資系ブームの火付け役に。クレディ・スイスの立て直しにヘッドハンティングされ、2003年まで、DLJディレクトSFG証券（現楽天証券）の取締役。23年現在設立6年目の会社GVEは日本のユニコーン企業。海外有名大学での講演多数。まぐまぐ！で配信中のメルマガ『房広治の「Nothing to lose! 失う物は何も無い。」』は同サイトのまぐまぐ大賞2022「知識・教養」部門1位を獲得。ICT関連の規格を策定する国際標準化団体Ecma InternationalのEcma recognition award 2022を受賞。

リスキリング超入門《ちようにゆうもん》
D　X《デジタルトランスフォーメーション》より重要《じゆうよう》なビジネスパーソンの「戦略的学《せんりやくてきまな》び直《なお》し」

2023年２月25日　初版発行

著者／徳岡晃一郎《とくおかこういちろう》、房《ふさ》 広治《こうじ》

発行者／山下直久

発行／株式会社KADOKAWA
〒102-8177　東京都千代田区富士見2-13-3
電話 0570-002-301（ナビダイヤル）

印刷所／株式会社KADOKAWA

製本所／株式会社KADOKAWA

●お問い合わせ
https://www.kadokawa.co.jp/（「お問い合わせ」へお進みください）
※内容によっては、お答えできない場合があります。
※サポートは日本国内のみとさせていただきます。
※Japanese text only

定価はカバーに表示してあります。

ISBN 978-4-04-606105-8　C0030

◆◇◇